Blütenträume für die Seele
Geschichten & Gedanken, die gut tun

Blüten-träume
für die Seele

Geschichten & Gedanken,
die gut tun

Vivat!

Bibliografische Information der Deutschen Nationalbibliothek
Die Deutsche Nationalbibliothek verzeichnet diese
Publikation in der Deutschen Nationalbibliografie;
detaillierte bibliografische Daten sind im Internet unter
http://dnb.d-nb.de abrufbar.

Besuchen Sie uns im Internet:
www.st-benno.de

Gern informieren wir Sie unverbindlich und aktuell
auch in unserem Newsletter zum Verlagsprogramm,
zu Neuerscheinungen und Aktionen.
Einfach anmelden unter www.st-benno.de

ISBN 978-3-7462-5654-2

© St. Benno Verlag GmbH, Leipzig
Zusammenstellung: Volker Bauch, Gößnitz
Umschlaggestaltung: Ulrike Vetter, Leipzig
Gesamtherstellung: Kontext, Dresden (B)

Inhaltsverzeichnis

Des Frühlings
hoffnungsvolle Zeichen   6

Ein Osterfest
für die Seele   56

Des Frühlings
heitere Zeit   82

Des Frühlings hoffnungsvolle Zeichen

März

Seele, laß das Trauern,
Ob die Sonne auch noch trügt!
Schau, sogar die Bauern
Regen sich und sind vergnügt.

Hermann Hesse

Der Blumenheilige

Der Legende nach war Sankt Valentin, der Blumenheilige, zu seinen Lebzeiten ein armer Mönch, er
hauste ganz allein in einer verfallenen Hütte, nicht
weit von der berühmten Stadt Rom und allen ihren
Reichtümern. Valentin selber besaß freilich nichts
außer einer groben Kutte, und wenn ihm gelegentlich ein Vorübergehender etwas zuwarf, altes Brot
oder eine Käserinde, dann war das schon viel. Aber
das Getier aus den Wäldern kehrte gern bei ihm
ein, die Eichhörnchen brachten ihm Nüsse, die
Vögel Samen von Blumen und Kräutern, und der
Fuchs mitunter sogar ein Ei, der Heilige verzehrte
es ohne Argwohn. Es war ihm unbekannt, dass die
Füchse Eier nicht legen, sondern stehlen.
Einmal aber kamen Kriegsleute vorbei, grobe Burschen, die weit mehr Eisen am Leibe als Grütze im
Kopf hatten, und weil ihnen Valentin statt einem
Krug Wein nur eine Handvoll Blumen anbot, hielten sie das für einen Spott. Sie zogen die Schwer-
ter und erschlugen ihn. Als nun Sankt Valentin der

Märtyrer in der Ewigkeit eintraf, war an der Himmelstür noch nichts von diesem Vorfall bekannt. Petrus suchte in der Allerheiligenliste auf und ab und fand nirgends einen schicklichen Platz für ihn. Weil aber dieser geschundene Mensch noch immer seinen Blumenstrauß in der Faust vor sich hertrug, behielt er ihn fürs Erste bei sich. Er ließ ihn vor der Himmelstür den Boden umgraben und die welken Blütenstengel in die Erde stecken, ein gläubiges Gemüt wird es nicht wundern, zu hören, dass sie dort gleich Wurzeln schlugen.
Von nun an brauchte keine arme Seele ungeschmückt durch das Tor zu treten, einer jeden schob Sankt Valentin Blüten zwischen die Finger, so köstlich duftend, dass sogar die Erzengel herbeischwebten, um daran zu riechen.
So wurde der arme Mönch doch noch ein ruhmvoller Heiliger, und kein Liebender, der darum weiß, wird versäumen, an seinem Jahrtag mitten im kalten Februar das geliebte Herz mit einem Blumenstrauß zu erfreuen.

Karl Heinrich Waggerl

Frühlingsplätze

Es gibt Felder-, Wiesen- und Waldstellen, an
denen es früher Frühling wird als sonst in der
Landschaft, Plätze, die nach Norden hin von einer
Waldwand oder einem Hügel geschützt und nach
Süden offen liegen. Die Wärme, besonders die
Wärme der Mittagssonne, lagert dort eine Weile
und hält eine „besinnliche Viertelstunde" ab, ehe
sie aufsteigt, um sich mit dem eisgekühlten Wind
zu mischen und an der allgemeinen Erwärmung
der Luft teilzunehmen.
An diesen Plätzen taut der Schnee früher als in den

Felder- und Wälderweiten, und man hat es gemüt-
lich wie in einer Stube, wenn man dort verweilt.
Das Schmelzwasser sickert in die Erde, und die
Erde beginnt zu duften, und im grauen Grasfell der
Hänge werden die ersten Grünhaare sichtbar. Die
Heidlerchen steigen auf, singen zwei, drei Probe-
strophen und fallen nach kurzem Aufflug in die käl-
teren Höhen wieder im gebräunten Heidekraut ein.
Eine solche Frühfrühlingsstelle ist zum Beispiel ein
verlandender See in einem geschützten Wiesental
in der Nähe unseres Vorwerks. Die Fischer und die
Angler mögen diesen See nicht, aber die Hechte
bevorzugen ihn, vielleicht, weil die Fischer und die
Angler ihn nicht schätzen, und das ist zu verstehen, denn es ist nur der Rest eines Sees inmitten

eines großen Sumpfes, und der Sumpf hinwiederum ist ein verwandelter See, der vom Menschen nur eine andere Bezeichnung erhielt, oder er ist das Auge eines großen Sumpfes, das, wie man schon weiß, sich nach Jahrhunderten schließen wird. Mit seinem Geschling zerreißt er die Netze der Fischer, und er reißt den Anglern die Haken von den Sehnen der Ruten. Er verdaut alles, oder er ist der Safe, dem viele Menschengenerationen ihre Geheimsachen anvertrauten, ein Safe, der erst nach Jahrtausenden hergeben wird, was man ihm anvertraute: Goldschätze, Leichen schwedischer Krieger, Zeugnisse unglücklicher Liebe, Zeugnisse menschlicher Plagen, Munition in Kisten, „Panzerfäuste" und wer weiß was alles. Nach Norden zu begrenzt diesen See ein Hügel, der einen Hochwald trägt. Sein unstetes Ufer ist von Mauern verkrüppelter Weiden, verzwergter Birken und buschiger Föhren umgeben. Die Vorfrühlingssonne schleudert ihre Wärme auf diesen Sumpf, und auf dem See schmilzt das Eis früher als auf allen anderen Seen in den Wäldern. Die Erlzweige färben sich bläulichrot, und die Haarzweige der Birken schimmern violett, während die Nester der Reiher

und der Raubvögel noch unberührt und starr wie
Reisigbündel in den Kiefernkronen liegen.
Brandgänse, die sich auf ihrer Nordfahrt ver-
frühten, benutzen den See als willkommene Zwi-
schenherberge, und die ersten Falter, die auf den
Hausböden des Vorwerks ausschlüpften, flattern
diesem Flecken Südland zu, als hätten sie zuver-
lässige Nachrichten erhalten, und vielleicht haben
sie das auch, und wir wissen nur noch nicht wie.
Die etwas winterkümmerlichen Tagpfauenaugen
nippen am Nektar des Huflattichs, und sie sterben
am Abend unvermehrt, und sie sterben in dem
kleinen Schmetterlingsglauben, daß es die Sonne
war und ein Frühfrühlingstag, den sie erleben
sollten, und daß es die Wärme und das Licht eines
Tages war, das sie drang, über diese Erde zu
fliegen, und daß sie das Raupenleben hinter sich
ließen und Schmetterlinge wurden, um das Gefühl
des eigenmächtigen Fliegens kennenzulernen.
Hierher kommen auch die Kiebitze, die sich zu
zeitig in ihre Sommerheimat wagten. Ihr Flug ist
so bar aller gerader Linien, ist so taumelig wie der
Schmetterlingsflug, und wenn sie waagerecht fliegen, diese befiederten Schmetterlinge, wie es sich

für Vögel ihrer Größe gehört, ist ihr Flügelschlag gewellt, und sie fliegen auf der Seite, besser gesagt, auf einem Flügel liegend, und sie quieken und sie kollern dabei und fahren aufeinander los. Die Männchen kämpfen miteinander, und die Weibchen necken einander, und sie sind Drüsenflieger, die nicht wissen, was der Frühling von ihnen will. Jahrsüber liegen die Frühfrühlingsstellen unauffällig in der Landschaft, und niemand kennt sie, denn ihre hohe Zeit ist der Winterausgang. Wenn der allgemeine Frühling in unserem Gebiet zu lange auf sich warten läßt, reite ich von Frühfrühlings- zu Frühfrühlingsstelle und fertige mir einen kleinen Sonderfrühling an, einen Frühfrühlingsvorschuß, um meine Stimmung anzuheben: „Das Gras wächst, bildet Zelle an Zelle, Schneeglöckchen stehn im Hochzeitswind …", und jene Frühlingsvorplätze erscheinen mir wie Quellen, aus denen der eigentliche Frühling hervorsprudelt. Die Quellgebiete vergrößern sich von Tag zu Tag, und eines Tages vereinigen sie sich miteinander, und der Frühling überflutet das ganze Land.

Erwin Strittmatter

Die Boten des Frühlings

Wenn nun der Frühling seine Boten sendet, die Lerchen und die Quellen und die Blumen, und wenn die warmen Wolken fliegen und die Knospen brechen, und nachts die Nachtigallen unter den Sternen ziehen, und die Nächte gehen und die Tage kommen, und zarte Herzen wonnig weinen und sich sehnen, und die Nachtigallen in die Tränen schlagen, und die Freuden weinen und die Schmerzen lächeln, und weiße Blüten durch den blauen Himmel weben und auf Blumen niederflattern, und blau und warm der Himmel ist und grün und warm die Erde, und das Leben glänzt wie eine Sonne und das Sterben schimmert wie ein Mond: so glaubt der Mensch, nun komme der Lenz. Aber schon vorübergeflattert ist er, und der fliegende Gott ist den süßbetränten Augen entschwunden, noch ehe sie sich abgetrocknet; und die Menschen sehen umher und hoffen wieder auf den Frühling.

Jean Paul

Der Frühling

Frühling Gottes, du erneuerst den Menschen wie den Boden des Felds. Im Winter schläft die ganze Natur, und auch der Mensch, wenn er des Lebens Wonne in Einfalt genießt, suchet Ruh im Winter und genießt vielen Schlaf. Wenn er in den kalten Tagen sich mit wilden Spielen erhitzet, so raubt er sich die Jahre des Lebens.

Aber wenn der Winter ewig dauerte, was wär der Mensch? Sein Geschlecht würde hinabsinken an die Grenzen der trägsten, niedersten Tiere.

Frühling Gottes, du erneuerst die Erde und erhaltest den Menschen in seiner Würde.

Die Erde danket es nicht den Gewaltigen, und sie preiset die Könige nicht dafür, dass noch Menschen auf ihr leben.

Die Winterspiele der Großen fressen weit und breit das arme Geschlecht auf, und wenn's ewig Winter wäre, so würde die Welt außer den Pforten ihrer weiten Höfe zur Einöde. Holder Frühling, du endest die Ruhe des Manns, den Gottes Winter

erquickt, und setzest auch den Toren Grenzen,
die die kurzen Tage über nur spielten.

Der Mann der Erde geht erneuert aus seiner Hütte
und ist selig bei seiner Arbeit.

Über ihm ist Gott, der die Fürsten lehret, den Mann
nicht zu töten, der die Erde bauet, und das Weib
nicht hungern zu lassen, das Kinder gebiert. Holder
Frühling, du nährest die Pflanzen wie deine Kinder
und beherrschest mit deinen Freuden die Erde.

Preise, o Erde, die Freuden des Frühlings, würdige tief hinunter die Freuden des Golds!

Wer kauft die Wonne des Frühlings? Wer zahlt die
Freuden der keimenden Erde?

Wer ist der Gewaltige, der sie den Sklaven ent-
reißt und den Königen kauft? Preise, o Erde, die
Freuden des Frühlings, würdige tief hinunter die
Freuden des Golds! Wer
kauft die Wonne des
Frühlings?

Wer zahlt die Freuden
der keimenden Erde?

Das milde Wehen der
westlichen Winde, der
neue Teppich der Erde,

der Blüten Gerüche, die duftenden Wiesen und die wärmende Sonne ist dein, o Armer, und wenn du das Deine genießest, ist das, was Könige hinzu kaufen, deiner Wünsche nicht wert.

Frühling der Erde, wer dich genießet, den machest du weise. Fürsten, die sich Götter glauben, und Prinzen, die wie Tiere leben, fühlen in deinem Genuss wieder den Segen ihrer Menschheit. Wenn der Mann der Erde im Winter seinen Sohn vergisst und das Weib ihre Tochter in feile Ammenarme hinwirft, so kommst du, holder Frühling, und Tränen fallen aus den Augen der Menschen, die ihre Kinder vergessen, wenn du mit den Reizen deiner mütterlichen Schönheiten ihre Torheit besiegest. Holde Wärterin der Erde, du erhaltest das Herz der Menschen, du machest den Mächtigen gütig und den Unterdrückten zufrieden, du zerstreuest den giftigen Hass, du dämpfest die brennende Wut; du lenkest den Arm des Rächers beiseite, du zerteilest die Falten des Neids, du erheiterst die Wolken des Trübsinns.

Wärterin der Erde, du heilest den Kranken, du erfreuest den Gesunden, du zerstreuest den Toren; du befriedigest die Schalkheit, du bezähmest den

Wilden und steurest der Bosheit. Alles was an
deinem Busen sich schmieget, atmet wie im Hei-
ligtum Gottes himmlische Lüfte.
Dir dienet die neue Sonne wie der hohe Priester
im Tempel des Herrn.
Im Winter ist die Sonne dem Erdball wie ein
Fremdling und wie ein Weib, das vor seinem
Anbeter sein Antlitz verschleiert.
Aber in deinen Tagen, holder Frühling, entschlei-
ert die kommende Braut ihr Antlitz freundlich vor

ihrem Geliebten, und die Sonne erscheint wie der Priester des Allerhöchsten, der die Erde segnet in seinem Tempel vor deinem Altar.

Holder Frühling, Mutter des Lebens, erscheine, erscheine doch wieder!

Zögere nicht länger, Mutter des Lebens, entbinde die tragende Erde und sei uns milde!

Holder Frühling, sei uns milde in der Geburtsstunde des sich erneuernden Erdballs.

Holder Frühling, sei milde dem Armen, sein Vorrat ist hin, seine Kinder hungern, sein Weib ängstet und jammert für den morgenden Tag. Holder Frühling, siehe herab auf seinen Mangel, wirf dein Antlitz auf sein Elend; er verschleusst seinen Kindern den Samen des Brots, dass er ihn in die Erde werfe, die ihn im Herbst erst wieder zurückgibt. – Holder Frühling, erbarm dich des Samens der Armen, schone sein keimendes Brot, decke seinen Garten beim kalten Mondschein mit Nebel, dass kein Reifen bei ihm ansetze und ihm seine Saat schädige. Milder Frühling, schütze den Armen und erweiche den Reichen, wenn Reif und Hagel das Brot des Elenden schädiget. Milder Frühling, wenn die neue Erde nun da ist in aller Schönheit der neugeborenen Tochter, so erneuere dann auch den Herrn der Erde.

Seine Jahre gehen vorüber wie die Jahre der Pflanzen und der Bäume.

Wenn er Kinder geboren, so ist sein Frühling vorüber, und sein Sommer ist da.

Frühling der Erde, gib dem Menschen Gefühl für die Lehren der weisen Natur, dass im Sommer ihres Lebens ihre Blüten nicht verwelken, ehe sie zu Früchten erwachsen, die in ihren herbstlichen Tagen erst reifen.

Frühling des Lebens, gib dem Menschen Gefühl für die Lehren der weisen Natur.

Priesterin Gottes, du bist Auferweckerin der toten gestorbenen Erde.

Heil mir, Priesterin Gottes! Du lehrest mich Auferstehung. Holder Frühling, du erweckest die gestorbene Erde ins Leben.

Holder Frühling, ich glaube deiner Lehre und sinke mit Hoffnung ins Grab.

Heinrich Pestalozzi

Gang im Frühling

Jetzt stehen wieder die kleinen klaren Tränen an
den harzigen Blattknospen, und erste Pfauen-
augen tun im Sonnenlicht ihr edles Samtkleid
auf und zu, die Knaben spielen mit Kreiseln und
Steinkugeln. Die Karwoche ist da, voll und über-
voll von Klängen und beladen mit Erinnerungen,
an grelle Ostereierfarben, an Jesus im Garten
Gethsemane, an Jesus auf Golgatha, an die Mat-

thäuspassion, an frühe Begeisterungen, erste Ver-
liebtheiten, erste Jünglingsmelancholien. Anemonen nicken im Moos, Butterblumen glänzen fett
am Rand der Wiesenbäche.
Einsamer Wanderer, unterscheide ich nicht zwischen den Trieben und Zwängen meines Innern
und dem Konzert des Wachstums, das mich mit
tausend Stimmen von außen umgibt.
Ich komme aus der Stadt, ich bin nach sehr
langer Zeit wieder einmal unter Menschen gewesen, in einer Eisenbahn gesessen, habe Bilder
und Plastiken gesehen, habe wunderbare neue

Lieder von Othmar Schoeck gehört. Jetzt weht der frohe leichte Wind mir übers Gesicht, wie er über die nickenden Anemonen weht, und indem er Schwärme von Erinnerungen in mir aufweht wie Staubwirbel, klingt mir Mahnung an Schmerz und Vergänglichkeit aus dem Blut ins Bewußtsein. Stein am Weg, du bist stärker als ich! Baum in der Wiese, du wirst mich überdauern, und vielleicht sogar du, kleiner Himbeerstrauch, und vielleicht sogar die rosig behauchte Anemone.

Einen Atemzug lang spüre ich, tiefer als je, die Flüchtigkeit meiner Form und fühle mich hin-übergezogen zur Verwandlung, zum Stein, zur Erde, zum Himbeerstrauch, zur Baumwurzel. An die Zeichen des Vergehens klammert sich mein Durst, an Erde und Wasser und verwelktes Laub. Morgen, übermorgen, bald, bald bin ich du, bin ich Laub, bin ich Erde, bin ich Wurzel, schreibe nicht mehr Worte auf Papier, rieche nicht mehr am prächtigen Goldlack, trage nicht mehr die Rechnung des Zahnarztes in der Tasche, werde nicht mehr von gefährlichen Beamten um den Heimatschein gequält, schwimme, Wolke im Blau, fließe, Welle im Bach, knospe, Blatt am Strauch,

bin in Vergessen, bin in tausendmal ersehnte
Wandlung getaucht.
Zehnmal und hundertmal noch wirst du mich
wieder einfangen, bezaubern und einkerkern,
Welt der Worte, Welt der Meinungen, Welt der
Menschen, Welt der gesteigerten Lust und der
fiebernden Angst. Tausendmal wirst du mich ent-
zücken und erschrecken, mit Liedern, am Flügel
gesungen, mit Zeitungen, mit Telegrammen,
mit Todesnachrichten, mit Anmeldeformularen
und all deinem tollen Kram, du Welt voll Lust und
Angst, holde Oper voll melodischen Unsinns!
Aber niemals mehr, gebe es Gott, wirst du mir
ganz verlorengehen, Andacht der Vergänglichkeit, Passionsmusik der Wandlung, Bereitschaft
zum Sterben, Wille zur Wiedergeburt. Immer wird
Ostern wiederkehren, immer wieder wird Lust
zu Angst, Angst zu Erlösung werden, wird ohne
Trauer mich das Lied der Vergänglichkeit auf meinen Wegen begleiten, voll Ja, voll Bereitschaft, voll
Hoffnung.

Hermann Hesse

Die Tage der tausend Wunder

Schon lange singt die Amsel im Garten, schon lange der Fink im Walde. Das Schneeglöckchen fiel müde um, tot liegt der junge Krokus im jungen Grase. Was die Amsel sang und der Fink schlug, was das Schneeglöckchen und der Krokus blühten, was Hasel, Erle und Espe stäubten, was die Märzmotte tanzte und der Frosch murrte, Vorfrühling war es, aber der Frühling nicht.

Erst als das Lied der Singdrossel vom Eichenwipfel klang und über die ersten Grasspitzen im Walde der gelbe Falter taumelte, da zog der Frühling in das Land hinein, hüllte die Kornelkirsche in mattes Gold, hob jedes Zweiges braune Armseligkeit durch schimmernde Knospen und vollbrachte tagtäglich tausend schöne Wunder.

Das ist schon lange her. Nicht mehr grüßen wir jedes grüne Blättchen mit frohen Augen, liebkosen nicht mehr jedes schwellende Knöspchen mit freundlichem Lächeln; es sind der Blätter zu viele und übergenug der Knospen, und da es überall

singt und klingt, tanzt unser Herz nicht bei jedem Vogelliede, wie an jenem Tage, da die erste Märzdrossel sang, der erste gelbe Falter flog, des ersten Märzblümchens Blauaugen aus fahlem Laube sahen. Wir wurden der kleinen Wunder gewöhnt und sehnten das große Wunder herbei, das Wunder der Allbegrünung des Waldes, und wir zürnten dem Ostwind, der dem Frühling die Hände band. Er hat es gut gemeint, hat pfleglich gehandelt, dass er dem Westwind wehrte und dem Regen und der

Sonne die Kraft nahm. Des Menschen Herz wird allzu schnell satt, danklos wendet es sich am Ziele ab, achtet das lange ersehnte Geschenk gering und dürstet nach der Wonne der Vorfreude. Eilig ist die Jugend, kurz ist der Frühling; was heute noch weich und frisch ist, ist morgen hart und staubig. Der Ostwind wusste, was er tat, als er den Vorfrühling festhielt und den Frühling warten ließ.

Herrlich ist der Frühling, und prächtig ist der Mai, aber so süß wie der Vorfrühling, so köstlich ist er nicht. Wonnig ist die goldene Maienwiese, aber so labt sie uns nicht wie die erste Blüte des braunen Waldbodens, wie das erste Blättchen am kahlen Zweig, und tönt im Mai auch der ganze Wald, singt jeder Ast und klingt jeder Zweig, blüht jedes Fleckchen und glüht jedes Eckchen, das große Zauberwerk erhebt uns nicht so sehr wie die winzigen Wunder, aus denen es entstand.

Jedes von ihnen genossen wir einzeln, kosteten es für sich aus. Wir sahen das Windröschen mit demütig gebogenem Halse sich durch das Fall-laub stehlen, wartend und frierend, bis die Sonne ihm Mut zusprach und ihm das blasse Gesicht-

chen rötete, sahen den gelben Falter fliegen, den
ersten, und unser Herz machte einen Sprung, und
bei jedem, den wir sahen, sprang es hoch in die
Höhe. Der Graudrossel Lied entdeckten wir und
trugen es heim als einen großen Schatz. Jeder Tag
brachte neue Wunder, liebe Gaben. Im kalten Ge-
wirre des Stangenholzes brannte eine grüne Flam-
me; die Traubenkirsche schoss in das Laub und
machte sich zum Mittelpunkte des ganzen Waldes. Wilde Eifersucht durchfuhr den Weißdorn.
Unnahbar stand er da in grauer Frostigkeit; nun
aber platzten vor Grimm seine Knospen, neidisch
grüne Blättchen quollen aus ihnen hervor und
reckten und streckten sich um die Wette mit dem
prahlenden Grün des Traubenkirschenbusches.
Das Winterlaub der Buchenjugenden, das Altlaub
der Brombeerranken, die mit hartem Kupfer-
glanz und schwerem Bronzeton weit und breit
herrschten, merkten, dass ihre Tage gezählt sind,
blassten ab, schrumpften ein, verdrängt von quel-
lenden Knospen; ihre Zeit ist um, ihr Herbst ist
da, ihre Todesstunde ist gekommen. In das Vor-
jahrslaub fällt Blatt um Blatt, und die Windröschen
spreizen hastig ihre Blätter darüber. Und nun, aus

Angst von der Rotbuche überflügelt zu werden, drängt die Weißbuche sich vor, betont jeden ihrer Zweige mit blitzendem Geschmeide, regt sich, rührt sich und hüllt sich in silbergrünes Gefunkel. Unwillig sieht es der Eberescheenbaum. Er schickt Befehle nach den entferntesten Wurzeln, treibt sie an, hetzt sie auf, und eifrig saugen sie aus Mulm und Moos Saft und Kraft und geben die Säfte dem Stamme und die Kräfte den Zweigen, und ehe es sich die Hagebuche versieht, spreizt sich unter ihr, von oben bis unten in blankes Silber gekleidet, die Eberesche, funkelnd und gleißend im Sonnen- lichte, stolz im Bewusstsein, der allerschönste Baum zu sein im ganzen Walde. Der Ahorn aber öffnet seine Truhen, nimmt das goldene Seiden- gewand hervor und stellt sich keck neben die Eberesche, und die tauscht ihre kalte Silberpracht mit warmem Grün, und unterdessen die beiden sich noch zanken, wer am schönsten sei, hat die Hainbuche noch mehr Smaragden umgehängt und drängt stolz Ahorn und Eberesche zurück. Nebenan ist derselbe Kampf im Gange. Die dunkle Kiefer, die düstere Fichte, die immer noch schliefen, erwachen langsam und beginnen sich

faul und schläfrig zu putzen. Keiner weiß, wie
sie es machen, aber tagtäglich hellt sich ihr Na-
delwerk auf, färbt sich ihr Geäst, tauchen mehr
strahlende Kostbarkeiten in ihren dunklen Klei-
dern auf, bis darin Topase leuchten, Smaragde
schimmern, Rubine glühen. Aber ehe sie so weit
sind, dreht sich die Bickbeere zu ihren Füßen
dreimal vor dem Spiegel hin und her und ist über
und über behängt mit dem köstlichsten Perlen-
geschmeide, und sie lacht die ernsten und be-
dächtigen Leute übermütig aus, vorzüglich den
Faulbaumbusch, der immer noch dürr und leer
dasteht, als hätte er noch wer weiß wie viel Zeit.
Nachher muss er sich sputen und wird doch nicht
fertig, und noch im Herbst trägt er bei den reifen
Beeren noch grüne Früchte und junge Blüten,
steht, wenn alles rot und bunt ist, im grünen Som-
merkleide herum, und zieht dann Hals
über Kopf das gelbe Herbstgewand
an, das er drei Tage tragen darf,
denn länger erlaubt es der
Winter ihm nicht.
Da ist das Geißblatt
vorsichtiger. Jeden Sonnen-

strahl im Winter nutzte es aus und prangte schon im Januar mit großen grünen Blättern. Aber wie es so ist, launenhaft und krausen Sinnes, muss es sich im Frühling abermals über seine Brüder erheben, und wenn die anderen Bäume und Sträucher grüne Blätter treiben, färbt es die seinigen schnell zu vorlautem Kupferrot, und wenn alle anderen Büsche Früchte ansetzen, hängt es einen Wirbel wachsweißer Blüten in sein grau gewordenes Laub. Aber wenn der erste Reif das Gras zerbricht, dann prahlt mit frechem Granatschmucke der zeitlose Busch.

Während nun alle diese Bäume und Büsche sich um die Wette bemühten, ihre Frühlingskleider anzulegen, und täglich neue Künste trieben, standen die Rotbuchen da, als ginge sie das alles nichts an. Sie trugen gelassen ihr strenges, graues, schwarz und grün gestreiftes Winterkleid und nahmen sich kaum die Muße, ihre Knospen für das Fest vorzubereiten. Bis dann der Tag kam, an dem der West mit dem Ost sich balgte, bis es ihm gelang, in den Wald einzudringen und eine Handvoll Regen hinein zu sprühen. Da spannten sich die harten, spitzen, trockenen Knospen, sie wurden weicher, runder und saftiger. Aber eine Woche warteten sie noch, bis der Westwind wieder eine erquickende Spende über sie goss, und nun konnte dort und da ein Zweig den Mut nicht halten, die goldenen Hüllen zerstoben, und unten um die kalten Silberstämme tanzten smaragdene Falter, erst einige wenige, hier ein Trüppchen, dort ein Flug, bis ein langer Nachtregen kam, Scharen der grünen Schmetterlinge aus den Knospen lockte und das Astwerk mit einem grünen Geflimmer erfüllte, das sich von Tag zu Tag vermehrt, bis alle anderen Farben am Himmel und am Boden davor verschwanden.

Heute schon ist viel verschwunden, was gestern noch da war. Jüngst standen die Stämme der Buchen noch so scharf abgerissen im roten Laube; jetzt verschmelzen sie gänzlich mit dem grünweißen Estrich. Ihr blankes Silber verlor seinen eisigen Blick, ihr giftiges Grün sein freches Starren, ihr unheimliches Schwarz sein böses Gesicht. Die Stechpalmenhorste zu ihren Füßen, die so frühlingsgrün aus dem Schnee leuchteten und so lustig aus dem roten Laube blitzten, sie bedeuten gar nichts mehr gegen das viele junge weiche

Grün ringsumher, und wo sie noch sichtbar werden wirken sie hart und lieblos.

Der Frühling hat einen leichten Sinn und kurz ist sein Gedächtnis. Eben noch bot das rote Laub am Boden seinem ersten Grün einen herrlichen Hintergrund, heute schon schiebt er es beiseite, schämt er sich des Erbgutes des Winters und bedeckt es hastig mit tausenderlei Grün und hunderterlei Farbe, damit niemand merke, dass er alle seine Schönheit und Frische und Jugend dem toten Laube und welken Blättern zu danken habe, und alle Freude verlässt sein Antlitz, erinnert ihn der Ostwind mit rauem Worte an seine Herkunft, mit roher Hand aus Grün und Blüten die vergilbten, vergessenen Erinnerungen zerrend. Dann schauert der Frühling zusammen und sieht zitternd in die fahle, trockene Zukunft.

Einen Augenblick später vergisst er die Angst vor ihr und schafft emsig weiter, Wunder neben Wunder stellend, mit liebreichen, weichen Händen. Die harte, zackige Kante der Brombeere schmückt er mit weichen, runden Flöckchen, er lockt aus dem steifen Holunderbusch mildes Blattwerk, webt um düstere Moospolster einen

lichten Schein, macht dem schüchternen Wald-
klee Mut, dass er sich im kalten Schatten der
Fichten hervorwagt, rollt mit spielenden Fingern
die ängstlichen Farnwedel auf, verhüllt die spar-
rigen Lärchenbäume mit zartgrünen Schleiern,
erweckt des Pfaffenhütchens Selbstbewusstsein,
der Weide Ehrgeiz, der Erle Willenskraft und wagt
sich schließlich sogar an die Eiche heran, die ab-
weisend und unnahbar alle seine Liebe immer
wieder von sich stößt.

Bis auch für sie die Stunde schlägt, für sie der Tag
kommt, der alle ihre Knospen sprengt, der Tag der
tausend Wunder.

Hermann Löns

Frühling

Ich bin für Ordnung, auch bei den Jahreszeiten, Winter im Winter und Frühling im Frühling. Was für ein unnötiger Ehrgeiz der Floristen, uns zu Weihnachten Gladiolen aus Südafrika einzufliegen. Weißen Flieder – wozu das? Christrosen im Dezember und Maiglöckchen im Mai. Manch einer schneidet am Barbaratag Zweige vom Kirschbaum, hegt sie und pflegt sie, raubt den Staren und Amseln fünf Pfund köstlicher Süßkirschen! Wozu die Eile?

Kaum ist der Schnee weg, man füttert gerade die
Vögel, was sieht man: die ersten Schneeglöckchen! Diese tapferen Vorboten des Frühlings
haben sich allen kommerziellen Verführungen
widersetzt, niemand versorgt uns im August mit
Schneeglöckchen. Kaum hat man sie gezählt und
in Briefen und per Telefon von ihnen berichtet,
da kommen schon die ersten gelben Fürwitzchen
hervor, deren Familiennamen ich nicht kenne.
Nahe der wärmenden Hauswand bereits die ersten Krokusse, zuerst die gelben, aber bevor man
sie vorführen kann, werden sie von den vitamin-
hungrigen Amseln verspeist. So wird meine
Treue belohnt! Was reizt sie an der Farbe gelb?

Die männlichen Amseln sind gelbschnäblig, sind
da bereits andere Triebe im Spiel?
Eines Morgens ist alles vorbei, der Vorvorfrühling,
der sich in den Vorgärten abspielt, hat ein Ende.
Es hat geschneit. Ich gönne mir einen Besuch im
Gewächshaus; es steht im Park Wilhelmshöhe,
nahe beim Schloss, eine berühmte frühindustrielle
Eisen- und Glaskonstruktion. Schon im Kassen-
raum blühen mir Narzissen und Primeln entgegen. An den Wänden: blühende Kastanienbäume;
Illusionsmalerei, die mich sehr erfreut. Noch eine
Tür und dann! Mimosen, Kamelien, Azaleen, Rho-
dodendron, übereinander, untereinander, ein
Rausch an Farben und Düften, schwindelerre-
gend. Wo bin ich? In einem Treibhaus? Ein Über-
treibhaus!
Solche Ausschweifungen gestatte ich mir nur einmal im Jahr. Das Gewächshaus verdirbt die
Maßstäbe, wir sind hier in Nordhessen. Die Jahre,
in denen ich dem Frühling ins Tessin entgegen-
fuhr, sind vorbei; ich bin ruhiger geworden. Zurück zu den sieben tapferen Schneeglöckchen, die
den Winterrückfall überlebt haben.
Der Frühling kommt aus Cadiz in Spanien, mit

dreißig Kilometer Tagesleistung reist er von Süd-
west nach Nordost. Seine Fortschritte sieht man
auf dem Bildschirm: Baumblüte an der Bergstra-
ße. Mit überhöhter Geschwindigkeit, im Galopp,
erreicht er dann plötzlich Nordhessen. Die Luft
riecht anders, schmeckt anders, so schnell kann
man nicht gucken und nicht zählen. Wo hat man
im November noch rasch eine Handvoll roter
Tulpen versteckt? Es ist wie Ostereiersuchen.
Hätte man die Rosen beschneiden sollen? Auf
drei Augen, nach Gärtnerart? Ich halte nichts vom
Beschneiden! Bei uns wachsen die Rosen manns-
hoch, man muss sich nicht bücken, um daran zu
riechen. Wir sitzen hinter einer blühenden Rosen-
hecke, den lieben langen Sommer lang. Ich zähle

mein Leben nach Sommern, nicht nach Lenzen. Wie viele noch? In den Vorgärten blühen jetzt die Forsythien und die Mandelbäumchen, ein wenig übertrieben, meine ich, das blüht und blüht und bringt doch nichts, keine einzige Mandel im Herbst. Da sind mir Kirschbäume lieber oder Apfelbäume, diese blühenden Apfelbaumgärten im Mai! Ich rede da nicht von unserem Garten, unser Garten ist ein Gärtchen. Der erste Löwenzahn! Die ersten Gänseblümchen: jetzt ist es Zeit, eine „Grüne Soße" herzustellen. Was fehlt, gibt es bei der Marktfrau: Schnittlauch, Pimpernell, Borretsch, den eigenen Löwenzahn, ein paar Gänseblümchenknospen dazu; elferlei Kräuter sollen es sein; dazu fetter saurer Rahm, frische Pellkartoffeln. Man riecht nicht nur, dass Frühling ist, man schmeckt ihn auch, hat ihn; zwischen den Zähnen: Sauerampfer! Wir essen auf der Terrasse! Einen wärmenden Heizstab im Rücken. Der Garten ist noch durchsichtig, alle Nachbarn können uns sehen. Statt „Guten Tag" rufe ich ihnen „Frühling!" zu. Du übertreibst es!, sagt mein Mann.

Die Nachbarn im Frühling! Den Winter über hat

man sich nicht gesehen, und sobald das Busch-
werk sich begrünt, wird man sich nicht mehr sehen, aber jetzt bei diesen Kontrollgängen, da sieht
man sich, tauscht seine Beobachtungen über die
Winterschäden aus, verkündet seine Triumphe.
Während ich noch staune und bewundere, harken
und hacken die Nachbarn bereits. Der Lavendel
schlägt aus! Großherzig biete ich Ableger an;
unter allen Büschen blühen die Veilchen. Es ist
nicht leicht, die ersten Veilchen in den Garten zu
bekommen! Aber noch schwerer ist es, sich der
Veilchen zu erwehren. Wie kommt es, dass Veilchen so gut bei uns gedeihen? In aller Beschei-
denheit gefragt. Die Amseln nisten!
Mehrere Rohbauten haben sie bereits als unge-
eignet verlassen. Nisten ist ein Vertrauensbeweis.
Unser Feuerdorn ist absolut katzenfest. (…)
Die erste Hummel! Der erste Kohlweißling! Nein
– zwei Hummeln, zwei Kohlweißlinge, und die
Enten im Park: Paarweise! Und die Schwäne:
Paarweise – das führt jetzt zu weit!

Christine Brückner

Aus dem Leben eines Taugenichts

Das Rad an meines Vaters Mühle brauste und rauschte schon wieder recht lustig, der Schnee tröpfelte emsig vom Dache, die Sperlinge zwitscherten und tummelten sich dazwischen; ich saß auf der Türschwelle und wischte mir den Schlaf aus den Augen; mir war so recht wohl in dem warmen Sonnenscheine. Da trat der Vater aus dem Hause; er hatte schon seit Tagesanbruch in

der Mühle rumort und die Schlafmütze schlief auf dem Kopfe, der sagte zu mir: „Du Taugenichts! Da sonnst du dich schon wieder und dehnst und reckst dir die Knochen müde und lässt mich alle Arbeit allein tun. Ich kann dich hier nicht länger füttern. Der Frühling ist vor der Tür, geh auch einmal hinaus in die Welt und erwirb dir selber dein Brot." – „Nun", sagte ich, „wenn ich ein Taugenichts bin, so ist's gut, so will ich in die Welt gehen und mein Glück machen." Und eigentlich war mir das recht lieb, denn es war mir kurz vorher selber eingefallen, auf Reisen zu gehn, da ich die Goldammer, welche im Herbst und Winter immer

betrübt an userm Fenster sang: „Bauer, miet mich, Bauer, miet mich!", nun in der schönen Frühlingszeit wieder ganz stolz und lustig vom Baume rufen hörte: „Bauer, behalt deinen Dienst!" Ich ging also in das Haus hinein und holte meine Geige, die ich recht artig spielte, von der Wand, mein Vater gab mir noch einige Groschen Geld mit auf den Weg, und so schlenderte ich durch das lange Dorf hinaus. Ich hatte recht meine heimliche Freude, als ich da alle meine alten Bekannten und Kameraden rechts und links, wie gestern und vorgestern und immerdar, zur Arbeit hinausziehen, graben und pflügen sah, während ich so in die freie Welt hinausstrich.
Ich rief den armen Leuten nach allen Seiten recht stolz und zufrieden Adjes zu, aber es kümmerte sich eben keiner sehr darum. Mir war es wie ein ewiger Sonntag im Gemüte. Und als ich endlich ins freie Feld hinauskam, da nahm ich meine liebe Geige vor und spielte und sang, auf der Landstraße fortgehend:

„Wem Gott will rechte Gunst erweisen,
den schickt er in die weite Welt,

dem will er seine Wunder weisen
in Berg und Wald und Strom und Feld.
Die Trägen, die zu Hause liegen,
erquicket nicht das Morgenrot,
sie wissen nur von Kinderwiegen,
von Sorgen, Last und Not ums Brot.
Die Bächlein von den Bergen springen,
die Lerchen schwirren hoch vor Lust,
was sollt ich nicht mit ihnen singen
aus voller Kehl und frischer Brust?
Den lieben Gott lass ich nur walten;
der Bächlein, Lerchen, Wald und Feld
und Erd und Himmel will erhalten,
hat auch mein Sach aufs Best bestellt!"

Indem, wie ich mich so umsehe, kömmt ein köstlicher Reisewagen ganz nahe an mich heran, der mochte wohl schon einige Zeit hinter mir drein gefahren sein, ohne dass ich es merkte, weil mein Herz so voller Klang war, denn es ging ganz langsam, und zwei vornehme Damen steckten die Köpfe aus dem Wagen und hörten mir zu. Die eine war besonders schön und jünger als die andere, aber eigentlich gefielen sie mir alle beide.

Als ich nun aufhörte zu singen, ließ die ältere still halten und redete mich holdselig an: „Ei, lustiger Gesell, Er weiß ja recht hübsche Lieder zu singen." Ich nicht zu faul dagegen: „Euer Gnaden aufzuwarten, wüsst' ich noch viel schönere." Darauf fragte sie mich wieder: „Wohin wandert Er denn schon so am frühen Morgen?" Da schämte ich mich, dass ich das selber nicht wusste, und sagte dreist: „Nach Wien"; nun sprachen beide miteinander in einer fremder Sprache, die ich nicht verstand. Die jüngere schüttelte einige Mal mit dem Kopfe, die andere lachte aber in einem fort und rief mir endlich zu: „Spring Er nur hinten mit auf, wir fahren auch nach Wien." Wer war froher als ich! Ich machte eine Reverenz und war mit einem Sprunge hinter dem Wagen, der Kutscher knallte und wir flogen über die glänzende Straße fort, dass mir der Wind am Hute pfiff.

Hinter mir gingen nun Dörfer, Gärten und Kirchtürme unter, vor mir neue Dörfer, Schlösser und Berge auf; unter mir Saaten, Büsche und Wiesen bunt vorüberfliegend, über mir unzählige Lerchen in der klaren blauen Luft – ich schämte mich, laut zu schreien, aber innerlichst jauchzte ich und strampelte und tanzte auf dem Wagentritt herum, dass ich bald meine Geige verloren hätte, die ich unterm Arme hielt. Wie aber denn die Sonne immer höher stieg, rings am Horizont schwere weiße Mittagswolken aufstiegen und alles in der Luft und auf der weiten Fläche so leer und schwül und still wurde über den leise wogenden Kornfeldern, da fiel mir erst wieder mein Dorf ein und mein Vater und unsere Mühle, wie es da so heimlich kühl war an dem schattigen Weiher, und dass nun alles so weit, weit hinter mir lag. Mir war dabei so kurios zumute, als müsst ich wieder umkehren; ich steckte meine Geige zwischen Rock und Weste, setzte mich voller Gedanken auf den Wagentritt hin und schlief ein.

Joseph von Eichendorff

Von meiner Blumenwiese

Man hat mir leichtsinnig zugestanden, ich müsse durchaus keine gelehrte botanische Abhandlung als Vorwort zu einem Buche schreiben. So mag also der Himmel wissen, wohin ich geraten werde, wenn ich nun anfange. Ein wenig verwirrt mich der Umstand, dass ich selber eine Wiese besitze und in jedem Sommer genötigt bin, einen Stadel voll Heu zu ernten, obwohl ich niemand im Hause habe, den ich damit ernähren könnte. Einmal, vor vielen Jahren, geriet mir eine Menge Geld in die Hand, das geschah im Frühling, der schon immer mein Blut zum Schäumen brachte und mein Gewissen betäubte, sodass ich damals hinging und dieses Stück Land kaufte, statt mei-

ne Schulden zu bezahlen. Insgeheim hoffte ich ja, dass sich das Wunder wiederholen werde. Dann wollte ich ein Haus auf meinem Grundstück bauen, so ein hübsches mit Säulchen und Balkonen und einem herrschaftlichen Garten rundherum. Ich beschrieb sogar das Ganze in einem schwärmerischen Buch. Aber eben damit vergrämte ich wahrscheinlich die Musen, oder sie verwalteten meine Gaben klüger als ich selber. Und nun wird dieser unberührte Wiesenfleck ein nie versagender Trost für meine alten Tage bleiben.

Zu Anfang im späten Winter, wenn der Föhn kommt, werden die Maulwürfe munter. Es fällt ja gleich hinterher wieder Nebel ein, Schnee und Kälte, aber diese braunen Erdhügel bleiben. Dann tauen schon Wildspuren aus der eisigen Kruste, mit jedem Tag wachsen die braunen Inseln in die Breite, und ich stolpere wie betrunken darauf herum, bis mich das schallende Gelächter eines Hähers nach Hause scheucht. Später gleicht die Wiese einer Orgel, freilich nicht für die Ohren tönend, nur für die Augen. Orgelmeister ist der Stern des Tages. Zuerst lässt er nur eine schüchterne Melodie hören, mit einem Finger gespielt, das Gänseblümchenlied. Aber mit jedem Morgen greift er mächtiger in die Tasten bis zum ersten rauschenden Akkord, wenn der Löwenzahn blüht. Von nun an schwillt die Flut des Lebens unbändig herauf, ich bin längst nicht mehr imstande, auseinanderzuhalten, was sich vor meinen Augen zuträgt. Einmal saß ich wirklich fünf Stunden lang vor einer Glockenblume, ich wollte der Wissenschaft ein Opfer bringen und genau beobachten, wie sich die Kelche öffneten. Aber es geschah nicht das Geringste, außer dass ich hungrig wurde und zum Krämer lief, um eine Semmel hinunterzuschlingen. Und als ich, noch kauend, wieder gelaufen kam, war das Wunder eben geschehen. Seither habe ich aller Gelehrsamkeit abgeschworen. Ich bin schon zufrieden, wenn ich am Rain meiner Wiese kauern und einen Fußbreit Boden

unter mir beschauen
darf – mit der Brille
auf der Nase, versteht
sich, denn ich habe
zwar immer noch
mehr Hirn, aber weit
weniger Augenlicht
als die nächstbeste
Ameise im Gras.
Manchmal helfe ich
mir, indem ich Papier
aus der Tasche hole,
meinen Farbkasten,
um solch ein Pflanzen-
wesen sauber abzu-
malen, alles bis ins
kleinste getreu, seine
zarten Gelenke, die
nadelfeine Schrift der
Adern mit dem Blatt-
werk und jedes Loch,
das ein Käfer heraus
genagt hat.
Es ist nämlich so,

dass ich eine Taubnessel nicht einen Tag hindurch betrachten könnte, das brächte auch ein Mönch aus Tibet nicht über sich. Aber wenn ich sie male, kann ich es, und dann weiß ich, was das ist: eine Taubnessel. Noch mehr: Dann war ich viele Stunden lang so friedlich und ehrfürchtig und glückselig wie kein anderer Mensch auf diesem Planeten. Alle Mächtigen und Weisen der Welt möchte ich einladen, gelegentlich auch am Rand meiner Wiese zu sitzen und eine Taubnessel zu malen oder meinetwegen einen Rittersporn, ehrenhalber, auf dass sie erkennen könnten, wie kostbar das ist: lebendiges Leben.

Aber die Mächtigen und Weisen kommen nicht zu mir, ich bin ein Narr allein. Denn leider ist alles Wahre so einfach, das es eigentlich nur ein Dummkopf verstehen kann. Darum haben es ja die klugen Köpfe so schwer.

Karl Heinrich Waggerl

Ein Osterfest für die Seele

Im Licht der Ostersonne
bekommen die Geheimnisse
der Erde ein anderes Licht.

Friedrich von Bodelschwingh

Osternacht

Bruder Christus,
du hast alles gekannt und alles erlebt:
Verraten und verkauft von Judas,
geleugnet und abgeschrieben von Petrus,
von Ferne beobachtet von den Jüngern –
hast du durch Not und Tod
das Vertrauen zu deinem Vater,
unserem Gott, nicht begraben.
Als alle dich im Stich ließen,
hast du dich nicht von ihnen losgesagt.
Als sie dich aufs Kreuz legten,
hast du um Verständnis gebeten:
Vergib ihnen, Vater, sie wissen nicht, was sie tun.
Bruder Christus,
du hast Gott mehr gehorcht als den Mächtigen,
und deine Fahne hast du nicht nach dem Wind
gehängt.
Du hast dich von ihnen nicht abhängig gemacht,
sondern warst bis in den Tod von Gott abhängig.
Bis zum letzten Atemhauch bist du eingestanden

für die, die dich bloßstellten,
die dir die Kleider vom Leibe rissen
und dich schlugen.
Du hast sie nicht verflucht, nicht sie, nicht Gott.
Sie haben dich nicht kleingekriegt,
nicht damals, nicht heute.
Du lebst unter uns, und wir lernen,
auf Gott zu vertrauen,
wie du es getan hast –
bis in die Reiche des Todes.
Du bist auferstanden, Christus,
du bist wahrhaftig auferstanden.

Uwe Seidel

Aufbruch zum Leben

Immer dann und dort, wo sich das Leben mit dem
Tod auseinander setzt, wo es über den Tod siegt,
entsteht Lebendigkeit, da bewegt sich was, da
pulst was, da geschieht was. Wenn ich lebendig
bin, dann bin ich bei mir, dann spür ich mich.
Lebendigkeit – das ist das, was Jesus mit „Leben
in Fülle" meint. Aber man kann das schnell falsch
verstehen.
Leben in Fülle – das ist kein Quantitätsbegriff,
nicht die „Menge" ist gemeint, sondern es ist ein

Qualitätsbegriff, es geht um „Tiefe". Es ist eben nicht wichtig, möglichst viel zu erleben, möglichst alles zu haben, möglichst überall dabei gewesen zu sein. Nicht mein Machen und Tun sind gefragt, sondern mein Sein, eine Art und Weise, mein Leben zu leben: Bei dem, was ich tue, bei dem was ich bin, ganz dabei zu sein, mich zu spüren, zu erleben. Es geht darum, sich noch freuen zu können, wenn der erste Krokus blüht. (Und es überhaupt wahrzunehmen!) Es geht darum, das Gesicht in den Wind zu halten, sich an der Nähe eines Menschen zu freuen. Es geht darum, das, was ich tue, ganz zu tun, das, was ich bin, ganz zu sein.

Doch Vorsicht! Wer sich auf den Weg zu solch einer Lebendigkeit macht, der kann sich nicht nur die Rosinen aus dem Kuchenteig picken. Der kann nicht nur die Höhen erleben, sondern der bekommt auch die Tiefen mit. Wenn ich bei mir bin, mich spüre, dann erlebe ich auch meine Einsamkeit, meine Verlorenheit, meine Grenzen. Leben und Lebendigkeit sind nicht nur einfach, glücklich und schön. Dazu gehören auch die Tränen und der Schmerz und manchmal das heulende Elend. Der Sieg des Lebens nimmt den Tod nicht weg.

Aufbrechen – das hat in der deutschen Sprache eine doppelte Bedeutung, und das macht durchaus Sinn.

Aufbrechen, das heißt zum einen „losgehen", sich auf den Weg machen, etwas verlassen. Aber jeder, der sich auf den Weg macht, der aufbricht und loslässt, der kehrt auch das Unterste zuoberst – so wie der Bauer, der mit seinem Pflug den Boden „aufbricht". Der verändert die Reihenfolge, setzt Prioritäten neu. Der geht in die Tiefe – und lässt sich von der Tiefe nicht erschrecken. Der lässt sich in seinen Innersten berühren – und berührt.

Der kann sich in das Dunkel hineinbegeben – weil er auf das Licht hofft und vertraut. Der kann sich dem Tod stellen – weil er an das Leben glaubt. Der kommt an Grenzen – und überschreitet sie.

Und genau das ist Ostern – Tod und Auferstehung, Grenze und Grenzüberschreitung.

Wenn wir uns in diesen Tagen auf Ostern vorbereiten, dann könnte genau das gefragt sein: So zu leben, dass ich mich lebendig spüre, mit allen Höhen und Tiefen.

Dass ich mich auf den Weg mache und mich aufbrechen lasse. Dass sich in mir das Unterste zuoberst kehrt – und dass ich vor der Tiefe nicht erschrecke. Dass ich mich berühren lasse und berühre.

Dass ich an das Leben glaube … und dass ich an die Liebe glaube …

Andrea Schwarz

Warum ich an die Auferstehung glaube

Warum ich, Reinhard Körner, an den auferstandenen, bei Gott lebenden Jesus glaube? Ich habe mir lange darüber Rechenschaft gegeben. Nicht weil die Oster-Texte im Lukas-, Matthäus- und Johannes-Evangelium von einem leeren Grab erzählen und nicht weil Jesus diesen Texten nach von den Jüngern mit leiblichen Augen als Auferstandener gesehen worden ist. Das ist nicht der letzte Grund, und das war er auch nicht, bevor mich die Bibelwissenschaftler „verunsichert" haben. Ich glaube dir, Jesus, dass du lebst, weil ich dir deinen Gott glaube. Wenn er der Gott der Liebe ist, wenn er so ist, wie du ihn als „Schatz" im Herzen getragen hast, wenn er so ist, wie du ihn vorgelebt hast, dann hat er dich nicht im Tod gelassen – und dann wird er auch mich nicht und niemanden, den er liebt, in das Nichts zurückfallen lassen.

Vielleicht ist es die Liebe, erst die Liebe, die uns – wenigstens ahnend, wenigstens rebellierend gegen den Tod – „sehend" macht, Jesus, für deinen Gott, von dem du sagst: „Er ist doch nicht ein Gott von Toten, sondern von Lebenden!" (Mk 12,27) Es gibt ein paar Menschen, von denen ich mir ganz sicher bin, dass sie großen Schmerz empfinden werden, wenn auch ich gestorben bin. Sie möchten mich nicht verlieren, ich bin ihnen viel wert, sie haben mich lieb. Nie zuvor habe ich dies so deutlich erfahren wie in den langen Wochen einer schweren Krankheit, als ich nach Einschätzung der Ärzte nur noch eine Lebenschance von eins zu hundert hatte. Später, auf dem allmählich voran schreitenden Weg der Genesung, habe ich mich an ein Wort des französischen Philosophen Gabriel Marcel erinnert. In seinem Schauspiel „Der Tote von Morgen" (von 1919) schreibt er:

„Einen Menschen lieben, das heißt,
ihm sagen: Du, du wirst nicht sterben!"

Nicht: du darfst nicht sterben!, sagt hier das Herz des Liebenden, sondern: du wirst nicht sterben! So, das weiß ich seit meiner schweren Erkrankung, haben es mehrere meiner Freunde empfunden. Nur eine Liebe freilich, die beim anderen nicht „die Liebe" sucht, sondern im Geliebten die Person erblickt, die größer und kostbarer ist als alle Liebe, vermag in einem Menschen die Kraft zu einer solchen Gewissheit freizusetzen. Sie lässt ihn dahin reifen, dass er den Geliebten nicht mehr festhalten will mit dem angstvollen „Du darfst nicht sterben!"; er weiß nun vielmehr – ohne zu wissen, wie er es weiß: Du, du wirst nicht sterben! Auch dann nicht, wenn du stirbst! Du wirst für immer da sein!

Sollte es, wenn schon Menschen so denken und empfinden können, dann Gott, deinem Gott, Jesus, egal sein, ob ich tot bin oder lebe? Dann wäre es nicht weit her mit seiner „Liebe"! Dann wäre er schlechter in seinem

Charakter als meine Freunde. Dann wäre er auch nicht wie du, Jesus. Und das kann ich mir nicht vorstellen. Wenn er mich liebt, dann wird er nicht sagen: So, lieber Reinhard, jetzt bist du fünfundsiebzig, achtzig oder gar neunzig Jahre alt geworden; es war eine – mehr oder weniger – schöne Zeit mit dir, nun ab ins Vergessen … Und das hat er, schon gar nicht, zu dir, Jeschua, gesagt.

Gott hat dich aus den Toten aufgeweckt. Er wird auch mich aufwecken und alle, deren Tod mir ein großer Schmerz ist. Das „weiß" ich, das ist Gewissheit in mir.

Ist es die Erfahrung dieser Gewissheit, einer, wie ich im Rückblick auf mein Leben bekennen muss, als Geschenk erhaltenen, nicht anstudierten, nicht anerzogenen, nicht selbst zurechtgemachten Gewissheit, die auch die frühen Christen meinen, wenn sie sagen, du seist ihnen „erschienen"? Wenn ja – es würde mir genügen.

Reinhard Körner

Osterspaziergang

Vom Eise befreit sind Strom und Bäche
Durch des Frühlings holden, belebenden Blick;
Im Tale grünet Hoffnungs-Glück;
Der alte Winter, in seiner Schwäche,
Zog sich in rauhe Berge zurück.
Von dort her sendet er, fliehend, nur
Ohnmächtige Schauer körnigen Eises
In Streifen über die grünende Flur;
Aber die Sonne duldet kein Weißes,
Überall regt sich Bildung und Streben,
Alles will sie mit Farben beleben;
Doch an Blumen fehlt's im Revier,
Sie nimmt geputzte Menschen dafür.
Kehre dich um, von diesen Höhen
Nach der Stadt zurück zu sehen.
Aus dem hohlen finstern Tor
Dringt ein buntes Gewimmel hervor.
Jeder sonnt sich heute so gern.
Sie feiern die Auferstehung des Herrn,
Denn sie sind selber auferstanden,

Aus niedriger Häuser dumpfen Gemächern,
Aus Handwerks- und Gewerbes-Banden,
Aus dem Druck von Giebeln und Dächern,
Aus der Straßen quetschender Enge,
Aus der Kirchen ehrwürdiger Nacht
Sind sie alle ans Licht gebracht.
Sieh nur, sieh! wie behend sich die Menge
Durch die Gärten und Felder zerschlägt,
Wie der Fluss in Breit' und Länge
So manchen lustigen Nachen bewegt,
Und, bis zum Sinken überladen,
Entfernt sich dieser letzte Kahn.
Selbst von des Berges fernen Pfaden
Blinken uns farbige Kleider an.
Ich höre schon des Dorfs Getümmel,
Hier ist des Volkes wahrer Himmel,
Zufrieden jauchzet Groß und Klein:
Hier bin ich Mensch, hier darf ich's sein!

Johann Wolfgang von Goethe

Die Osterglocken
verkünden die Auferstehung

Zu den ersten Frühlingsboten zählen die Osterglocken. Goldgelb leuchten sie und verkünden die
Auferstehung des Herrn. So wie zu Weihnachten
die Christrosen gehören, die im tiefsten Schnee
noch blühen, so wie sich mit Pfingsten die rote
Pracht der Pfingstrosen verbindet, so gehören
zum Osterfest die Osterglocken. Ihr Geläut ist
anderer Natur als das der weithin klingenden Kirchenglocken.

Die Kirchenglocken begleiten uns jahraus jahrein.
Sie verkünden freudige Ereignisse und ertönen zu
traurigen Anlässen. Sie rufen zum Gottesdienst
und laden zum Gebet ein. Am Gründonnerstag
bei der Abendmahlfeier erklingen sie noch zum
Gloria, um dann zu verstummen. Man sagt, die
Glocken seien nach Rom geflogen. Den ganzen
Karfreitag schweigen die Glocken und ebenso
am Karsamstag. Ministranten mit Klappern und
Rätschen sind unterwegs, um die Glocken zu er-
setzen. Beim Gloria der Osternacht jubeln dann
alle Glocken und rufen ins Land: „Jesus lebt –
Der Heiland ist erstanden".
Die goldgelben Osterglocken können da nicht
mithalten. Sie wenden sich auch gar nicht an die

Ohren, sondern an die Augen. Gold haben die Künstler von jeher für das Göttliche verwandt. Heilige bekamen einen goldenen Schein, um damit anzudeuten, dass sie bei Gott im Himmel sind. Der auferstandene Heiland, der Sieger über Sünde, Tod und Teufel, bekommt aber nicht nur einen Heiligenschein, sondern er wird in der Mandorla dargestellt, um zu zeigen, dass er mehr als ein Heiliger ist, mehr als ein großartiger Mensch: Jesus ist Gottes Sohn und im Himmel daheim. Auferstehung und Himmelfahrt werden zusammengeschaut. Gleichzeitig ist er der wiederkommende Herr, der die Toten und die Lebenden am Jüngsten Tag richten wird.

Dass Gold die Farbe für Gott und die jenseitige Welt ist, das wissen bereits die Kinder. Als in der DDR eine Lehrerin am Montag nicht nur fragte, was am Samstag und Sonntag im Fernsehen zu sehen gewesen ist, sondern sich auch erkundigte, wer von ihnen am Sonntag in der Kirche war, da hatte sie bereits einen Überblick, in welchen Familien man über die Mauer hinausschaute und das Westfernsehen empfing, und in welchen Familien die Erziehung zum Atheismus noch nicht gefruchtet hatte. „Wer war am Sonntag in der Kirche?" Nur ein Finger ging hoch. Die ganze Klasse lachte. Ein schüchternes Mädchen hatte aufgezeigt. Die Lehrerin wollte das Kind vollends bloßstellen und gleichzeitig beweisen, dass es Gott gar nicht gibt. Sie rief es an die Tafel. „So und jetzt malst du uns den lieben Gott an die Tafel." Das schüchterne Mädchen ging zur Tafel, suchte in den Farbkreiden, schließlich sagte sie zur Lehrerin: „Ich kann den lieben Gott nicht an die Tafel malen. Da brauche ich eine goldene Kreide." Das verschlug sogar der selbstsicheren staatstreuen Atheistin die Sprache. Keiner in der Klasse lachte mehr.

Vincent van Gogh hat mit seinen Farbkomposi-tionen Stellung bezogen gegen die Gottverges-senheit der Kunst seiner Zeit. Van Gogh liebte die gelbe Farbe, die schwierigste von allen. Die Sonnenblumen hat er immer und immer wieder gemalt. Landschaften, in denen die Sonne alles beherrscht. Sie durchwärmt, sie durchglüht alles. Van Gogh, der zutiefst leidende Künstler, wollte zeigen, dass Gott seine Schöpfung liebt und der Ostermorgen ständige Gegenwart ist. Zwar hat van Gogh keine Osterglocken gemalt, weil sie ihm im Süden Frankreichs nicht begegnet sind, aber den österlichen Gedanken verkünden seine Sonnenblumen, und wenn der Sämann über das Feld geht, steht über allem beherrschend die Sonne. Jesus als das wahre Licht der Welt. „Licht Christi" singt der Priester in der Osternacht und alle stimmen in den Lobpreis ein: „Gott wir danken dir." Eine Legende erzählt von der Entstehung der Osterglocken. Ein Bauer, der längst den Glauben verloren hatte, weder Sonntag noch Feiertag kannte, das Läuten der Glocken nicht mehr hörte und nur seiner Arbeit lebte, entschloss sich, das Vieh noch vor Ostern auf die Weide zu treiben. Zwar meinte seine Frau, das sei noch zu früh und kein anderer Bauer würde ähnliches tun, aber das konnte ihn nicht abhalten. Gerne hätte sie noch hinzugefügt, es könne doch kein Segen darauf ruhen, wenn man in den Tagen des Leidens und Sterbens Jesu voller Arbeit sei und auch das Vieh nicht zur Ruhe kommen lasse. Das sagte sie lieber nicht, denn sonst hätte sie wohl einen gewaltigen Fluch zu hören bekommen. Der Bauer machte das Vieh zurecht. Jede Kuh bekam ihre Glocke umgehängt.

Das war sein Stolz. Diesen Klang hörte er fast so gerne wie das Klappern der Gold- und Silbermünzen in seinem Geldkasten. Als der Bauer am Karfreitag nach dem Vieh sehen wollte, erfasste ihn ein gewaltiger Schreck. Alle Glocken waren verschwunden. Die Tiere fraßen nicht und starrten ihn mit gläsernen Augen an. Waren sie alle verhext? Wer konnte die Kuhglocken gestohlen haben? Wutentbrannt eilte er zum Bürgermeister, der war jedoch wie das ganze Dorf in der Kirche. Es blieb ihm nichts anderes übrig, als auch zur Kirche zu gehen, wenn er den Bürgermeister erreichen wollte. Der Pfarrer war bereits mitten in der Predigt. Er sprach vom Verrat des Judas und von der Verleugnung des Petrus, vor allem aber

von der Liebe Gottes zu uns Menschen, die am Kreuz sichtbar werde. Der Pfarrer schloss seine Predigt mit den Worten: „So sehr hat Gott die Welt geliebt und wo bleibt deine Gegenliebe?" Diese Worte trafen den Bauern ins Herz. Selbst als er mit dem Bürgermeister über seine Kühe und den Verlust der Glocken sprach, ließen ihm die Worte des Pfarrers keine Ruhe. Der Bürgermeister riet ihm, nichts zu überstürzen, denn an den Feiertagen könne man ohnehin nirgends etwas ausrichten. Und wenn die Kühe nicht fressen wollten, solle er ihnen vom Osterbrot geben, das bei der Speisenweihe im Hochamt gesegnet werde. Als er nach dem Ostergottesdienst mit seiner Frau zum Feld kam, brachten sie dem Vieh das geweihte Brot, voll Freude muhten die Kühe, die Glocken waren wieder von Rom zurück und bimmelten, auf der ganzen Wiese aber prangten wunderbare gelbe Blumen. Seine Frau hatte auch gleich einen Namen: „Das sind Osterglocken." Der Bauer hatte an diesem Osterfest nicht nur seinen Glauben wiedergefunden, sondern entdeckt, dass Gottes Schöpfung voller Wunder ist. Immer wenn die Osterglocken blühten, dann dachten der Bauer und seine Frau, später auch ihre Kinder und Enkel an die verschwundenen Glocken und ihre stillen goldgelben Geschwister.

Diese Legende von den Osterglocken hat im Lauf der Zeit manche Veränderung erfahren. In manchen Gegenden wird erzählt, die Kuhglocken hätten sich in Osterglocken verwandelt, aber das ist ja das Schöne an einer Legende, ihre Gestalt kann sich verändern, aber der Kern bleibt. Der Kern aber ist, dass die Osterglocken die Freude über den auferstandenen Herrn verkünden wollen. Mit allen Sinnen soll der Mensch erfassen: Jesus lebt.

Ludwig Gschwind

In der Osterzeit

In der Osterzeit
sind die Quellen und Bäche am lebendigsten.
Alle die Berge aus Schnee und Eis
rinnen, flüssig geworden,
durch die Adern der Erde,
reinigen sich im Geklüft zwischen den Steinen
und springen aus dem Waldboden,
und weil so viel Wasser nachdrängt,
ist das Plaudern und Murmeln der Quellen
so lebhaft, heiter wie ein Gelächter
oder wie ein munteres Gespräch

unsichtbarer Geister, die vom Leben erzählen
und von den vielen neuen Anfängen überall.

„Des Menschen Seele gleicht dem Wasser",
sagt Goethe. Das ist wahr.
Aber das Wasser redet auch von einer
Lebendigkeit,
die die Seele nicht aus sich selbst hat,
und von einem Glück,
das sie aus einer anderen Quelle gewinnt.

Jörg Zink

Des Frühlings heitere Zeit

April

Nun mache deine Augen klar
Und hege Lust im Herzen;
Der dich noch trog im Märzen,
Der liebe Frühling wird nun wahr.

Hermann Hesse

Aprilschnee

Aprilschnee fiel. Ich ging verstimmt und gries-
grämig umher, obwohl es nicht in meiner Macht
stand, mir ein günstigeres Wetter zum Salatpflan-
zen zu machen.
Das Hellgrün der Fliederknospen schimmerte
durch die weiße Lasur, und die sprießenden
Lilien zerschnitten mit ihren Schwertblättern
kühn die Schneedecke. Im Grasgarten zerscharr-
ten die bauchigen Shetlandstuten den Schleier
des Scheinwinters nach vitaminprallen Junghälm-

chen für ihre künftigen Fohlen. Stare und Amseln suchten sich ihr Frühstück auf schneefreien Stellen unter Schirmfichten und Föhren, und meine Söhne rollten den klebrigen Spätschnee lachend zu großen Kugeln. Aus den Kugeln formten sie einen Mann, der mit hängenden Mundwinkeln und Schlitzaugen aus Kohlestückchen in die Welt blickte.

Da lachte auch ich, und nicht nur über den Schneemann; denn fast hätte ich mich um die Poesie eines ungewöhnlichen Tages gebracht.

Erwin Strittmatter

Ende April

Dass draußen die Amseln singen, dass der Frühling, mit grünen Schleiern über den Büschen, kommt, eigentlich schon da ist, muss ich doch erwähnen, obwohl er mir heuer nicht unter die Haut geht, keinerlei Rührung in der Art von „dass ich das noch mal erleben darf" erweckt.
Schlechte Laune, könnte man sagen, finstere Laune, sogar im Park, den ich fast täglich durchstreife, obwohl mir dieses Jahr schon das spießige Osterhasengärtlein auf die Nerven gegangen ist.
Gebüsche in bunter, eiförmiger Umzäunung, ein Wärter versteckt die von den Eltern mitgebrachten Eier, während ein zweiter die Kinder dazu überredet, die faul herumhoppelnden Stallhasen zu streicheln – bald darauf findet die Frühlingsblumenausstellung, dann die Azaleenausstellung statt. Seit einigen Tagen gehe ich dort umher und schreibe in Gedanken einen Brief an den Direktor: Lieber Herr Direktor, man kann nicht fortwährend lieben, ich liebe Ihre Ausstellungen nicht mehr,

sie sind mir zu gekonnt, Ihre Blumenrabatten
nicht mehr, sie sind mir zu üppig. Was ich liebte,
war der schmale, dunkle Weg im Umgang des
großen Palmenhauses, da schlugen einem die
feuchten, glänzenden Blätter der Kamelienbäume
gegen die Wangen, da leuchteten die Blüten, ganz
oben, ganz hinten, rosa und rot. Was ist daraus
geworden, Herr Direktor, eine breite Promenade
mit Zementbrunnen, Wandelgang einer Lebens-
versicherung oder eines Sozialbades, und überhaupt, der Zementorgien sind genug gefeiert,
der rechtwinkeligen Mäuerchen genug gebaut.
Rechtwinkelig an Leib und Seele, dieser Spruch
hing, riesig in Holz gebrannt, im Vorplatz eines
unserer Notquartiere, die rechtwinkeligen Besit-

zer hatten uns ein Zimmer abgeben müssen, sie rächten sich dafür, indem sie uns keinen Hausschlüssel gaben, wir betraten und verließen unser Zimmer durchs Fenster, zu ebener Erde lag es, das war unser Glück. Entschuldigen Sie die Abschweifung, Herr Direktor, auch ein öffentlicher Garten kann einem ans Herz wachsen, zum Beispiel die uralte Eibe, die einmal hierher verpflanzt und so vorsichtig – zwei Kilometer in acht Stunden – durch die Stadt gefahren wurde, die chinesischen Sträucher, die Winterblüher, die Victoria Regia im Kleinen Haus. Auch im Gartenbau gibt es Moden, als der Garten um das große Palmenhaus, diese bürgerliche Exotik, angelegt wurde, trug man nierenförmige Teiche, runde Springbrunnen, Hochstammrosen, es wäre hübsch gewesen, wenn Sie das alles erhalten hätten, ein Gartenmuseum des 19. Jahrhunderts, wie es Gartenmuseen des achtzehnten, siebzehnten, sechzehnten und sogar fünfzehnten Jahrhunderts gibt. Eine einzigartige Gelegenheit, die Sie verpasst haben und vielleicht gar nicht verpassen wollten. Ihre Abonnenten, Ihre Sonntagsnachmittagsmusikhörer haben Sie dazu gezwungen,

Sie sind ein Warenhausbesitzer, der immer das Neueste auslegen muss. Das alles schreibe ich in meinem Gedankenbrief, und dann gebe ich der Wahrheit die Ehre, gebe dem Garten die Ehre, seinen leuchtenden Grasflächen, seinen riesigen Pappeln, Platanen und Weidenbäumen, und überhaupt war der ganze Brief nur eine Laune, Frühlingslaune, Zierkirschenblütenblätter, losgerissen, hintreibend unterm Gewitterhimmel, schwül. Keineswegs denke ich daran, mein

Abonnement aufzugeben, und ich wäre unglück-
lich, wenn Sie, Herr Direktor, es mir dieses doch
gar nicht abgeschickten Briefes wegen, kündigen
würden, was natürlich möglich ist, ebenso wie
es möglich ist, dass die Kontrolleure eine Kartei
haben, eine Gedankensünderkartei, auf die hin
sie mir den Eintritt verwehren. Ich möchte aber
immer wieder kommen, auch später, wenn ich
meine blaue Karte nicht mehr vorzeige und mich
an die Eintrittszeiten nicht mehr halte. Wenn ich
mich auf Ihren fantastischen Spielgeräten her-
umschwinge, nachts, im Nebel, eh noch auf den
großen Blumenfeldern die Dahlien schwarz ver-
blühen.

Marie Luise Kaschnitz

Mai III

Mit Maiglöckchen
läutet das junge Jahr
seinen Duft

Der Flieder erwacht
aus Liebe zur Sonne
Bäume erfinden wieder ihr Laub
und führen Gespräche

Wolken umarmen die Erde
mit silbernem Wasser
da wächst alles besser

Schön ist's im Heu zu träumen
dem Glück der Vögel zu lauschen

Es ist Zeit sich zu freuen
an atmenden Farben
zu trauen dem blühenden Wunder

Ja es ist Zeit
sich zu öffnen
allen ein Freund zu sein
das Leben zu rühmen

Rose Ausländer

Der Tulpenstrauß

Lange schon hatte ich mir für meinen kleinen Vorgarten eine schöne Ecke mit Tulpen gewünscht. Dieses Jahr war es endlich soweit. Ich hatte die Zwiebeln sorgfältig ausgesucht, und im Frühjahr wuchsen die Tulpen so prächtig, als wollten sie XXL werden. Ich war begeistert und erfreute mich jeden Tag an dieser bunten Pracht aus Scharlachrot, Apricotgelb, Lachsrosa, Braunrot und Schneeweiß.

Das blieb so bis Samstag, den 11. Mai.

Am Sonntag, den 12. Mai, sah ich das Entsetzliche. Meine Wut war grenzenlos. Ich konnte es einfach nicht fassen. Das alles konnte doch nicht wahr sein. Ich starrte auf mein Tulpenbeet. Irgendjemand hatte sämtliche Tulpen fein säuberlich abgeschnitten. Keine einzige Blume war übrig. Ich jammerte und schimpfte den ganzen Tag und verdarb nicht nur mir, sondern auch meiner Familie den Tag – es war Muttertag.

Zum Glück kannte ich den Missetäter nicht – bis

Dienstagabend. Es klingelte an der Tür und ein Kerl wie ein tätowierter Kleiderschrank stand vor mir. Ich erschrak heftig. Mit unerwartet leiser Stimme sagte er: „Ich war der Missetäter!" Er deutete auf das Blumenbeet: „Ich bitte um Entschuldigung."

Ich fühlte, wie mein angestauter Frust explodieren wollte. Doch bevor ich Luft holen konnte, überfiel er mich mit einem Wortschwall: „Sie haben mir den Tag gerettet, Muttchen. Ich kam in der Samstagnacht von einer Bikertour nach Hause und erfuhr, dass meine Mutter überraschend ins Krankenhaus gekommen war. Ich wollte sie frühmorgens besuchen. Aber es war Muttertag, und ich hatte keine Blumen. Da fiel mir ein, dass ich in Ihrem Garten wunderschöne Tulpen gesehen hatte. Das war meine Rettung. Meine Mutter hat sich riesig gefreut, als ich mit den Blumen ankam. Sie müssen wissen, dass ich kein Sohn bin, der immer an den Muttertag denkt."

Da stand er nun vor mir, dieser Riesenkerl,

mit hängenden Armen, ergeben meine Straf-
predigt erwartend. Doch irgendwie fiel es mir
plötzlich schwer, einen Sohn, der seiner Mutter
Blumen ins Krankenhaus gebracht hatte, lautstark
zu beschimpfen.
„Ich habe eine ziemliche Wut auf Sie", gestand
ich. „Wie wollen Sie das wieder gutmachen?"
„Ich schlage vor, als Entschädigung helfe ich Ihnen ein paar Stunden im Garten. Einverstanden?"
Ich war einverstanden und Harry, wie er sich
nannte, war eine große und sehr geschickte Hilfe.
Er kam viel öfter als erwartet. Vielleicht auch, weil
er meinen Erdbeerkuchen mochte.
Inzwischen überlegen meine Nachbarn bereits,
ob sie nicht im nächsten Jahr auch Tulpen in die
Vorgärten pflanzen.

Ursula Berg

Der Frühling war gekommen

Der Frühling war gekommen; schon lagen viele Frühpflanzen, nachdem sie flüchtige schöne Tage hindurch mit ihren Blüten der Menschen Auge vergnügt, nun in stiller Vergessenheit dem stillen Berufe ihres Reifens, der verborgenen Vorbereitung zu ihrer Fortpflanzung ob. Schlüsselblümchen und Veilchen waren spurlos unter dem erstarkten Grase verschwunden, niemand beachtete ihre kleinen Früchtchen. Hin-

gegen breiteten sich Anemonen und die blauen
Sterne des Immergrün zahllos aus um die lichten
Stämme junger Birken, am Eingange der Gehölze,
die Lenzsonne durchschaute und überschien die
Räumlichkeiten zwischen den Bäumen, vergol-
dete den bunten Waldboden; denn noch sah es
hell und geräumig aus, wie in dem Hause eines
Gelehrten, dessen Liebste dasselbe in Ordnung
gebracht und aufgeputzt hat, ehe er von einer
Reise zurückkommt und bald alles in die alte tolle
Verwirrung versetzt. Bescheiden und abgemessen
nahm das zartgrüne Laubwerk seinen Platz und
ließ kaum ahnen, welche Gewalt und Herrlichkeit
in ihm harrte. Die Blättchen saßen symmetrisch
und zierlich an den Zweigen, zählbar, ein wenig

steif, wie von der Putzmacherin angeordnet, die Einkerbungen und Fältchen noch höchst exakt und sauber, wie in Papier geschnitten und gepresst, die Stiele und Zweigelchen rötlich lackiert, alles äußerst aufgedonnert. Frohe Lüfte wehten, am Himmel kräuselten sich glänzende Wolken, es kräuselte sich das junge Gras an den Rainen, die Wolle auf dem Rücken der Lämmer, überall bewegte es sich leise mutwillig, die losen Flocken im Genicke der jungen Mädchen kräuselten sich, wenn sie in der Frühlingsluft gingen, es kräuselte sich in meinem Herzen. Ich lief über alle Höhen und blies an einsamen, schön gelegenen Stellen stundenlang auf einer alten großen Flöte, welche ich seit einem Jahre besaß. Nachdem ich die ersten Griffe einem musikalischen Schuhmachergesellen abgelernt, war an weiteren Unterricht nicht zu denken, und die ehemaligen Schulübungen waren längst in ein tiefes Meer der dunkelsten Vergessenheit geraten. Darum bildete sich, da ich doch bis zum Übermaß anhaltend spielte, eine wildgewachsene Fertigkeit aus, welche sich in den wunderlichsten Trillern, Läufen und Kadenzen erging. Ich konnte ebenso fertig blasen, was

ich mit dem Munde pfeifen oder aus dem Kopfe
singen konnte, aber nur in der härteren Tonart,
die weichere hatte ich allerdings empfunden
und wusste sie auch hervorzubringen, aber dann
musste ich langsam und vorsichtiger spielen, sodass diese Stellen gar melancholisch und vielfach
gebrochen sich zwischen den übrigen Lärm ver-
flochten. Musikkundige, welche in entfernterer
Nachbarschaft mein Spiel hörten, hielten dasselbe
für etwas Rechtes, belobten mich und luden mich
ein, an ihren Unterhaltungen teilzunehmen. Als
ich mich aber mit meiner mächtigen braunen
Röhre einfand, deren Klappe einer messingenen
Türklinke glich, und verlegen und mit bösem Ge-

wissen die Ebenholzinstrumente mit einer Unzahl silberner Schlüssel, die stattlichen Notenblätter sah, bedeckt von Hieroglyphen, da stellte es sich heraus, dass ich rein zu gar nichts zu gebrauchen, und die Nachbarn schüttelten verwundert die Köpfe. Desto eifriger erfüllte ich nun die freie Luft mit meinem Flötenspiel, welches dem schmetternden und doch monotonen Gesange eines großen Vogels gleichen mochte, und empfand, unter stillen Waldsäumen liegend, innig das schäferliche Vergnügen des siebzehnten Jahrhunderts, und zwar ohne Absicht und Gemachtheit.

Um diese Zeit hörte ich ein flüchtiges Wort, Anna sei in ihre Heimat zurückgekehrt. Ich hatte sie nun seit zwei Jahren nicht gesehen, wir beide gingen unserem sechzehnten Geburtstage entgegen. Sogleich rüstete ich mich zur Übersiedlung nach dem Dorfe und machte mich eines Sonnabends wohlgemut auf die geliebten Wege. Meine Stimme war gebrochen und ich sang, dieselbe missbrauchend, mich müd durch die hallenden Wälder. Dann hielt ich inne, und die seit Kurzem genommene Tiefe meiner Töne bedenkend, dachte ich an Annas Stimme und suchte mir einzubilden, welchen Klang sie nun haben möge. Darauf bedachte ich ihre Größe, und da ich selbst in der Zeit rasch gewachsen, so konnte ich mich eines kleinen Schauers nicht erwehren, wenn ich mir die Gestalt sechzehnjähriger Mädchen unserer Stadt vorstellte. Dazwischen schwebte mir immer das halbkindliche Bild am See oder auf jenem Grabe vor, mit seiner Halskrause, seinen Goldzöpfen und freundlich unschuldigen Augen. Dies Bild verscheuchte einigermaßen die Unsicherheit und Zaghaftigkeit, welche sich meiner bemächtigen wollten, dass ich getrost fürbass schritt und das Haus meines Oheims in alter Ordnung und lauter Fröhlichkeit fand.

Doch nur die älteren Personen waren sich eigentlich ganz gleich geblieben, das junge Volk ließ einen etwas veränderten Ton in Scherz und Reden merklich werden. Als nach dem Nachtessen sich die Älteren zurückgezogen und einige junge ledige Dorfbewohner beiderlei Geschlechtes dafür ankamen, um noch einige Stunden zu plaudern, bemerkte ich, dass die Gegenstände der Liebe und der geschlechtlichen Verhältnisse nun ausschließlicher und ausgeprägter der Stoff der ne-

ckischen Gespräche geworden, aber so, dass die
Jünglinge mit gleichgültig verwegener und etwas
spöttischer Galanterie den Schein tiefer Emp-
findung zu verhüllen, die Mädchen eine große
Sprödigkeit, Männerverachtung und jungfräuliche
Selbstzufriedenheit an den Tag zu legen bemüht
schienen, und an der Art und Weise, wie die sich
kreuzenden Scherze und Angriffe hier reizten,
dort scheinbar verletzten, war nicht zu verkennen,
dass hier die Kristallelemente zusammenzuschie-
ßen auf dem Punkte waren.

Ich war anfangs still und suchte mich in den
wort- und witzreichen Scharmützeln zurechtzu-
finden; die Mädchen betrachteten mich als einen
anspruchslosen Neutralen und schienen einen
frommen und bescheidenen Knappen an mir ge-
winnen zu wollen. Doch unversehens nahm ich,
das Scheingefecht für vollen Ernst haltend, die
Partei meines Geschlechts. Die vermeintliche
Bedürfnislosigkeit und stolze Selbstverklärung der
Schönen schien mir gefährlich und beleidigend
und entsprach nicht im Mindesten meinen Gefühlen. Aber leider setzte ich, anstatt mich der prakti-
scheren und beliebteren Waffen meiner Genossen

zu bedienen, knabenhafter und ungalanter Weise den Mädchen ihre eigene Kriegführung entgegen. Der trotzige Stoizismus, welchen ich gegen das jungfräuliche Selbstgenügen aufwandte, warf mich umso schneller in eine isolierte und gefährliche Stellung, als ich in meiner Einfalt augenblicklich selber daran glaubte und mit heftigem Ernste verfuhr. Ich vereinigte sogleich alle Pfeile des Spottes auf mich, als ein nicht zu duldender Aufrührer; die männlichen Teilnehmer ließen mich auch im Stich oder hetzten mich fälschlicherweise auf, um bei den erzürnten Mädchen desto besser ihre Rechnung zu finden, worüber ich wieder verdrießlich und eifersüchtig ward, und es ärgerte mich gewaltig, wenn ich bemerkte, wie mitten im Kriege die verständnisvollen Blicke häufiger fielen und der schöne Feind seine Hände den Burschen immer anhaltender und williger überließ. Kurz, als die Gesellschaft auseinander ging und ich die Treppe hinaufstieg als ein erklärter Weiberfeind, verfolgten mich die drei Basen, jede ihr Nachtlämpchen tragend, spottend bis vor die Tür meines Schlafzimmers. Dort wandte ich mich um und rief: „Geht, ihr törichten Jungfrauen mit euren Lampen! Obgleich jede nur zu bald ihren irdischen Bräutigam haben wird, fürchte ich doch, das Öl eurer Geduld reiche nicht aus für die kürzeste Frist; löscht eure Lichter und schämt euch im Dunkeln, so spart ihr das bisschen Öl, ihr verliebten Dinger!"

Eine Magd trug gerade ein Becken mit Wasser hinein; sie tauchten ihre Finger in das Wasser und spritzten mir dasselbe ins Gesicht, während sie mit ihren brennenden Lämpchen mir um Haar und Nase herumzündeten und mich hart bedrängten. „Mit Feuer und Wasser", sagten sie, „taufen wir dich zu ewigem Frauenhasse! Nie soll eine wünschen, diesen Hass schwinden zu sehen, und das Licht der Liebe soll dir für immer erlöschen! Schlafen Sie recht wohl, gestrenger Herr, und träumen Sie von keinem Mädchen!"

Hiermit bliesen sie meine Kerze aus und huschten auseinander, dass ihre Lichtchen in dem dunklen Hause verschwanden und ich im Finstern stand. Ich tappte in das Zimmer, stieß an alle Gegen-stände und streute in der Dunkelheit missmutig meine Kleider auf dem Boden umher. Und als ich endlich das Kopfende des Bettes gefunden und

mich rasch unter die Decke schwingen wollte,
fuhr ich mit den Füßen in einen verwünschten
Sack, dass ich sie nicht ausstrecken konnte,
sondern in meiner gewaltsamen Bewegung auf
das unangenehmste gehemmt und zusammen-
gebogen wurde. Die Leintücher waren, infolge
einer ländlich-sittlichen Neckerei, so künstlich
ineinander geschürzt und gefaltet, dass es allen
meinen ungeduldigen Bemühungen nicht gelang, sie zu entwirren, und ich musste mich in

der unbequemsten und lächerlichsten Lage von
der Welt zum Schlafe zusammenkauern. Allein
dieser wollte trotz meiner Müdigkeit sich nicht
einfinden; ein ärgerliches und beschämendes
Gefühl, dass ich mich in eine schiefe Stellung
geworfen, die Besorgnis, wie Anna sich zu all
diesem verhalten würde, und das verhexte Bett
ließen mich die Augen nur auf Augenblicke
schließen, wo dann die unruhigsten Traumbilder
mich verfolgten. Die Nacht im Tale war unruhig
und geräuschvoll, denn es war diejenige des
Sonnabends auf den Sonntag, in welcher die le-
digen Burschen bis zum Morgen zu schwärmen
und ihren Liebeswegen nachzugehen pflegen. Ein
Teil derselben durchzog in Haufen singend und
jauchzend die nächtliche Gegend, bald fern, bald
nah laut werdend; ein anderer Teil schlich einzeln
um die Wohnungen her, mit verhaltener Stimme Mädchennamen rufend, Leitern anlegend,
Steinchen an Fensterläden werfend. Ich stand
auf und öffnete das Fenster; balsamische Mailuft
strömte mir entgegen, die Sterne zwinkerten ver-
liebt hernieder, ein Kätzchen duckte sich um die
eine Hausecke, um die andere bog ein schlanker

Schatten mit einer langen Leiter und lehnte sie an das Haus, drei oder vier Fenster von mir. Rüstig klomm er die Sprossen entlang und rief halblaut den Namen der ältesten Base, worauf das Fenster leise aufging und ein trauliches Geflüster begann, von einem Geräusche unterbrochen, welches von demjenigen feuriger Küsse nicht im Mindesten zu unterscheiden war. ‚Oho!' dachte ich, ‚das sind feine Geschichten!', und indem ich so dachte, sah ich einen anderen Schatten aus dem Fenster der mittleren Base, welche eine Treppe tiefer schlief, sich auf den Ast eines nahen Baumes schwingen und flink zur Erde gleiten; kaum war er aber fünfzig Schritte entfernt, so brach er, den fernen Nachtschwärmern antwortend, in ein mörderliches Jauchzen aus, welches weithin widerhallte. Mit sehr gemischten Gefühlen machte ich vorsichtig das Fenster zu und suchte in meinem boshaften Leinwandlabyrinth Mädchen, Liebe, Mainacht und Verdruss zu vergessen …

Gottfried Keller

Eine Liebesgeschichte

Joseph Waldemar Gritzan, ein großer, schweig-
samer Holzfäller, wurde heimgesucht von der Liebe. Und zwar hatte er nicht bloß so ein mageres
Pfeilchen im Rücken sitzen, sondern, gleichsam
seiner Branche angemessen, eine ausgewachsene
Rundaxt. Empfangen hatte er diese Axt in dem
Augenblick, als er Katharina Knack, ein ausneh-
mend gesundes, rosiges Mädchen, beim Spülen
der Wäsche zu Gesicht bekam. Sie hatte auf ihren
ansehnlichen Knien am Flüßchen gelegen, den
Körper gebeugt, ein paar Härchen im roten Gesicht, während ihre beträchtlichen Arme herrlich
mit der Wäsche hantierten. In diesem Augenblick,

wie gesagt, ging Joseph Gritzan vorbei, und ehe
er sich's versah, hatte er auch schon die Wunde
im Rücken.

Demgemäß ging er nicht in den Wald, sondern
fand sich, etwa um fünf Uhr morgens, beim Pfarrer von Suleyken ein, trommelte den Mann Gottes
aus seinem Bett und sagte: „Mir ist es", sagte er,
„Herr Pastor, in den Sinn gekommen, zu heiraten.
Deshalb möchte ich bitten um einen Taufschein."
Der Pastor, aus mildem Traum geschreckt, besah
sich den Joseph Gritzan ziemlich ungnädig und
sagte: „Mein Sohn, wenn dich die Liebe schon
nicht schlafen läßt, dann nimm zumindest Rück-
sicht auf andere Menschen. Komm später wieder,
nach dem Frühstück. Aber wenn du Zeit hast,
kannst du mir ein bißchen den Garten umgraben.
Der Spaten steht im Stall."

Der Holzfäller sah einmal rasch zum Stall hinüber und sprach: „Wenn der Garten umgegraben ist, darf ich dann bitten um den Taufschein?"

„Es wird alles genehmigt wie eh und je", sagte der Pfarrer und empfahl sich.

Joseph Gritzan, beglückt über solche Auskunft, begann dergestalt den Spaten zu gebrauchen, daß der Garten schon nach kurzer Zeit umgegraben war. Dann zog er, nach Rücksprache mit dem Pfarrer, den Schweinen Drahtringe durch die Nasen, melkte eine Kuh, erntete zwei Johannisbeerbüsche ab, schlachtete eine Gans und hackte einen Berg Brennholz.

Als er sich gerade daranmachte, den Schuppen auszubessern, rief der Pfarrer ihn zu sich, füllte den Taufschein aus und übergab ihn mit sanften Ermahnungen Joseph Waldemar Gritzan. Na, der faltete das Dokument mit umständlicher Sorgfalt zusammen, wickelte es in eine Seite des Masuren-Kalenders und verwahrte es irgendwo in der weitläufigen Gegend seiner Brust. Bedankte sich natürlich, wie man erwartet hat, und machte sich auf zu der Stelle am Flüßchen, wo die liebliche Axt Amors ihn getroffen hatte.

Katharina Knack, sie wußte noch nichts von seinem Zustand, und ebensowenig wußte sie, was alles er bereits in die heimlichen Wege geleitet hatte. Sie kniete singend am Flüßchen, walkte und knetete die Wäsche und erlaubte sich in kurzen Pausen, ihr gesundes Gesicht zu betrachten, was im Flüßchen möglich war.

Joseph umfing die rosige Gestalt – mit den Blicken, versteht sich –, rang ziemlich nach Luft, schluckte und würgte ein Weilchen, und nachdem er sich ausgeschluckt hatte, ging er an die Klattkä, das ist ein Steg, heran. Er hatte sich heftig und lange überlegt, welche Worte er sprechen sollte, und als er jetzt neben ihr stand, sprach er so: „Rutsch zur Seite."

Das war, ohne Zweifel, ein unmißverständlicher Satz. Katharina machte ihm denn auch schnell Platz auf der Klattkä, und er setzte sich, ohne ein weiteres Wort, neben sie. Sie saßen so – wie lange mag es gewesen sein? – ein halbes Stündchen vielleicht und schwiegen sich gehörig aneinander heran. Sie betrachteten das Flüßchen, das jenseitige Waldufer, sahen zu, wie kleine Gringel in den Grund stießen und kleine Schlammwolken

emporrissen, und zuweilen verfolgten sie auch
das Treiben der Enten. Plötzlich aber sprach Joseph Gritzan: „Bald sind die Erdbeeren soweit.
Und schon gar nicht zu reden von den Blaubeeren
im Wald." Das Mädchen, unvorbereitet auf seine
Rede, schrak zusammen und antwortete: „Ja."
So, und jetzt saßen sie stumm wie Hühner neben-
einander, äugten über die Wiese, äugten zum
Wald hinüber, guckten manchmal auch in die
Sonne oder kratzten sich am Fuß oder am Hals.
Dann, nach angemessener Weile, erfolgte wieder
etwas Ungewöhnliches: Joseph Gritzan langte
in die Tasche, zog etwas Eingewickeltes heraus
und sprach zu dem Mädchen Katharina Knack:
„Willst", sprach er, „Lakritz?"
Sie nickte, und der Holzfäller wickelte zwei Lak-
ritzstangen aus, gab ihr eine und sah zu, wie sie
aß und lutschte. Es schien ihr gut zu schmecken.
Sie wurde übermütig – wenn auch nicht so, daß
sie zu reden begonnen hätte –, ließ ihre Beine ins
Wasser baumeln, machte kleine Wellen und sah
hin und wieder in sein Gesicht. Er zog sich nicht
die Schuhe aus.
Soweit nahm alles einen ordnungsgemäßen Verlauf.

Aber auf einmal – wie es zu gehen pflegt in solchen Lagen – rief die alte Guschke, trat vors Häuschen und rief: „Katinka, wo bleibt die Wäsch'!"
Worauf das Mädchen verdattert aufsprang, den Eimer anfaßte und mir nichts, dir nichts, als ob die Lakritzstange gar nichts gewesen wäre, verschwinden wollte. Doch, Gott sei Dank, hatte Joseph Gritzan das weitläufige Gelände seiner Brust bereits durchforscht, hatte auch schon den Taufschein zur Hand, packte ihn sorgsam aus und winkte das Mädchen noch einmal zu sich heran.
„Kannst", sprach er, „lesen?"
Sie nickte hastig.
Er reichte ihr den Taufschein und erhob sich. Er beobachtete, während sie las, ihr Gesicht und zitterte am ganzen Körper.
„Katinka!" schrie die alte Guschke, „Katinka, haben die Enten die Wäsch' gefressen?"
„Lies zu Ende", sagte der Holzfäller drohend.

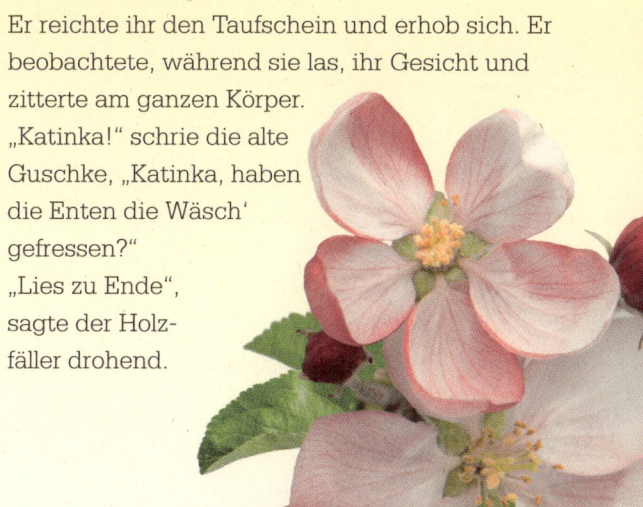

Er versperrte ihr, weiß Gott, schon den Weg, dieser Mensch.

Katharina Knack vertiefte sich immer mehr in den Taufschein, vergaß Welt und Wäsche und stand da, sagen wir mal: wie ein träumendes Kälbchen, so stand sie da.

„Die Wäsch', die Wäsch'", keifte die alte Guschke von Neuem.

„Lies zu Ende", drohte Joseph Gritzan, und er war so erregt, dass er sich nicht einmal wunderte über seine Geschwätzigkeit.

Plötzlich schoß die alte Guschke zwischen den Stachelbeeren hervor, ein geschwindes, üppiges Weib, schoß hervor und heran, trat ganz dicht neben Katharina Knack und rief: „Die Wäsch', Katinka!" Und mit einem tatarischen Blick auf den Holzfäller: „Hier geht vor die Wäsch', Cholera!"

O Wunder der Liebe, insbesondere der masurischen; das Mädchen, das träumende, rosige, hob seinen Kopf, zeigte der alten Guschke den Taufschein und sprach: „Es ist", sprach es, „besiegelt und beschlossen. Was für ein schöner Taufschein! Ich werde heiraten." Die alte Guschke, sie war zuerst wie vor den Kopf getreten, aber dann lachte

sie und sprach: „Nein, nein", sprach sie, „was die Wäsch' alles mit sich bringt. Beim Einweichen haben wir noch nichts gewußt. Und beim Plätten ist es schon soweit."
Währenddessen hatte Joseph Gritzan wiederum etwas aus seiner Tasche gezogen, hielt es dem Mädchen hin und sagte: „Willst noch Lakritz?"

Siegfried Lenz

Der Student

Anfangs war das Wetter gut und ruhig. Die Drosseln schrien, und von den nahen Sümpfen her vernahm man wehmütige, lang gezogene Töne, als blase einer in eine leere Flasche. Eine Waldschnepfe strich vorbei, und laut und lustig ertönte in der Frühlingsluft ein Schuss. Aber als es im Walde anfing zu dunkeln, kam von Osten her, sehr zur Unzeit, ein kalter, durchdringender Wind. Alles wurde schweigsam.

Auf den Pfützen streckten sich Eisnadeln aus, und im Walde wurde es dumpf, leer und unheimlich. Man fühlte wieder den Winter.

Iwan Wlikopolski, Student der Priester-Akademie, Sohn eines Küsters, ging, vom Schnepfenstand heimkehrend, einen Fußweg entlang über weite bewässerte Wiesen hin. Seine Finger waren erstarrt, und vom Winde glühte ihm das Gesicht. Es schien ihm, als ob die plötzlich eingetretene Kälte in allem die Eintracht und das Einvernehmen gestört habe, als würde es der Natur selbst unheim-

lich und als verdichtete sich daher das Abend-
dunkel schneller als nötig.

Ringsherum war es öde und ganz besonders finster. Nur in den Witwen-Gärten am Fluss leuchtete
ein Feuer. Im weiten Umkreise aber und dort, wo
vier Werst entfernt ein Dorf lag, verschwamm ales
im kalten, dunklen Abendnebel.

Der Student erinnerte sich, wie die Mutter, als er
von zu Hause ging, barfuss auf dem Flur saß und
den Teekessel putzte und wie oben auf der Ofen-
bank der Vater hustete. Heute, am Karfreitag, war
nicht gekocht worden, und der Hunger machte
sich unangenehm fühlbar.

Und jetzt, während er sich vor Kälte zusammen-
zog, dachte der Student daran, dass zu Zeiten
des Warägerfürsten Rurik und Iwans des Schrecklichen und Peters des Großen ebenso ein Wind
geweht hat und dass es auch damals ebensolch
schlimme Armut, Hunger, ebensolche durchlö-
cherte Strohdächer, ebensolches Elend gegeben
hatte; rings herum war dieselbe Öde, Finsternis
und dasselbe Gefühl des rückenden Jammers
gewesen. Alle diese Schrecken waren, sind und
werden sein, und nur darum, dass ein Jahrtau-

send dahingeht, wird es nicht besser werden …
Und er verlor die Lust, nach Hause zu gehen.

Die Gemüsefelder wurden deshalb „Witwen-Gärten" genannt, weil sie zwei Witwen, Mutter und Tochter, gehörten. Das Feuer brannte heiß und knisternd und erhellte weit herum den aufgepflügten Acker. Die Witwe Wassilissa, eine große, volle Alte im Männerpelz, stand daneben und schaute nachdenklich ins Feuer. Ihre Tochter Lukerja, klein und pockennarbig, mit einem dummen Gesichtsausdruck, saß auf der Erde und scheuerte den Kessel und die Löffel. Man hatte augenscheinlich ebenerst zu Abend gegessen. Männerstimmen erschallten; es waren die Arbeiter, die am Flusse Pferde tränkten.

„Da haben wir ja wieder den Winter", sagte, ans Feuer herantretend, der Student. „Guten Abend!" Wassilissa fuhr zusammen, aber sie erkannte ihn gleich und lächelte freundlich.

„Grüß Gott, ich erkannte dich nicht, wirst reich werden", sagte sie.

Man sprach eine Weile. Wassilissa, eine erfahrene Frau, die früher bei Herrschaften als Amme und dann als Wärterin gedient hatte, drückte sich delikat aus, und auf ihrem Gesicht spielte ein sanftes, solides Lächeln. Ihre Tochter Lukerja dagegen, ein von ihrem Manne eingeschüchtertes Bauernweib, blinzelte nur den Studenten an und schwieg mit einem Ausdruck, wie ihn Taubstumme haben.

„Ganz ebenso wärmte sich beim Feuer in einer kalten Nacht auch der Apostel Petrus", sagte, die Hände überm Feuer ausstreckend, der Student. „Also war es auch damals kalt. Oh, was war das für eine schreckliche Nacht, Großmutter! Eine unsäglich traurige Nacht!"

Er blickte ringsum ins Dunkel, schüttelte nervös den Kopf und fragte:

„Ihr wart wohl heut zu den ‚Zwölf Evangelien'?"

„Jawohl", antwortete Wassilissa.

„Wenn Ihr Euch erinnert, sagte während des heiligen Abendmahls Petrus zu Jesu: ‚Mit dir bin ich bereit, ins Gefängnis und in den Tod zu gehen.' Der Herr antwortete darauf: ‚Petre, ich sage dir, der Hahn wird heute nicht krähen, ehe denn du dreimal verleugnet hast, dass du mich kennest.' Nach dem Abendmahl zagte Jesus, betrübt bis an den Tod, im Garten und betete, der arme Petrus aber ermüdete in der Seele, wurde schwach,

seine Lider wurden ihm schwer, und er konnte
sich des Schlafes nicht enthalten. Er schlief ein
… Dann küsste, wie Ihr gehört habt, in derselben
Nacht Judas Jessum und verriet ihn seinen Peini-
gern. Gebunden führte man ihm zum Hohenpriester und schlug ihn. Petrus aber, ermüdet, gequält
von peinlicher Unruhe – stellt Euch das vor – ver-
schlafen, und vorausahnend, dass gleich, gleich
auf der Erde etwas Schreckliches geschehen
müsse, folgte hinterher … Er liebte Jesum leiden-
schaftlich und sinnlos und sah jetzt von Ferne,
wie man ihn schlug …"
Lukerja legte die Löffel weg und blickte den Studenten bewegungslos an.
„Sie kamen zum Hohenpriester", fuhr er fort. „Man
fing an, Jesum zu fragen. Die Knechte aber hatten
unterdes mitten im Palast ein Kohlenfeuer gemacht, denn es war kalt, und sie wärmten sich.
Petrus aber stand bei ihnen am Feuer und wärmte
sich auf, so wie ich jetzt. Eine Magd erblickte ihn
und sprach: ,Und du warest auch mit dem Jesu.'
Das sollte heißen, dass man ihn zu Gericht schlep-
pen sollte. Und all die Knechte, die ums Feuer
lagerten, sahen ihn wahrscheinlich misstrauisch

und finster an, denn er wurde verlegen und sagte: ‚Ich kenne ihn nicht.' Und über eine Weile erkannte in ihm wieder einen Jünger Jesu und sprach: ‚Du bist auch so einer.' Er verleugnete abermals. Und zum dritten Mal wandte sich jemand an ihn: ‚Sah ich dich nicht heute im Garten bei ihm?' Er leugnete zum dritten Mal. Und danach krähte als bald der Hahn, und Jesus blickte von weitem Petrus an, und dieser gedachte an des Herrn Wort, das er zu ihm beim Abendmahl gesagt hatte … Er gedachte dessen, kam wieder zu sich, verließ den Palast und weinte bitter, bitter … In der Schrift heißt es: ‚Und er ging hinaus und weinte bitterlich.' Ich kann es mir vorstellen: Ein stiller, stiller, dunkler, dunkler Garten, und in der Stille vernimmt man kaum das dumpfe Schluchzen …"

Der junge Theologe atmete auf und versank in Gedanken.

Wassilissa fuhr fort zu lächeln, aber mit einem Male schluchzte sie auf, große, zahlreiche Tränen stürzten ihr über die Wangen, und sie schützte mit dem Ärmel ihr Gesicht vor dem Feuer, gleich als schämte sie sich ihrer Tränen. Lukerja blickte unverwandt auf den Studenten und wurde rot. Ihr Gesicht nahm einen mühseligen und angestrengten Ausdruck an, wie bei einem Menschen, der einen heftigen Schmerz unterdrückt.

Die Arbeiter kehrten zurück vom Fluss, und einer von ihnen, hoch zu Pferde, war schon nahe, und der Schein des Feuers beleuchtete zittern seine Gestalt.

Der Student wünschte den Witwen eine gute Nacht und ging weiter. Und wieder umgab ihn die Finsternis, und seine Hände begannen zu frieren. Es wehte ein böser Wind, der Winter kam in der Tat wieder, und es sah nicht aus, als gäbe es übermorgen Ostern.

Jetzt dachte der Student an Wissilissa: Wenn sie zu weinen begann, so hat also alles das, was in jener schrecklichen Nacht mit Petrus vorging, auch eine gewisse Beziehung zu ihr …

Er drehte sich um. Das einsame Feuer blinzelte ruhig in der Dunkelheit, und man sah neben ihm keinen Menschen mehr.

Der Student dachte wieder, dass, wenn Wassilissa weinte und ihre Tochter verlegen wurde, augenscheinlich das, wovon er eben erzählt, was sich vor neunzehn Jahrhunderten zugetragen, auch eine gewisse Beziehung zur Gegenwart haben müsse – zu den beiden Frauen, zum einsamen Dorfe, zu ihn selbst und zu allen Menschen. Wenn die Alte weinte, so geschah es nicht deshalb, weil er rührend erzählen kann, sondern weil Petrus ihr nahe steht und weil sie mit ihrem ganzen Wesen daran beteiligt ist, was in der Seele Petri vor sich gegangen war.

Und plötzlich erbebte seine Seele vor Freude, und er blieb sogar einen Augenblick stehen, um Atem zu holen.

„Die Vergangenheit", dachte er, „ist mit der Gegenwart durch eine ununterbrochene Kette von Ereignissen verbunden, von denen eines dem anderen entspringt."

Und es schien ihm, als hätte er soeben beide Enden dieser Ketten gesehen: Und so wie er das eine berührt hatte, erzitterte das andere.

Als er aber auf der Fähre über den Fluss setzte und hernach den Berg hinauf stieg, auf sein heimatliches Dorf sah und nach Westen blickte, wo ein schmaler Streifen der kalten, leuchtenden Abendröte erglänzte, da dachte er, dass die Wahrheit und Schönheit, die dort im Garten und im Hofe des Hohenpriesters das Menschenleben gelenkt hatten, ununterbrochen auch bis auf den heutigen Tag bestehen und im Menschenleben und überhaupt auf der Welt wohl stets das Wichtigste gewesen sind. Und das Gefühl der Jugend, Gesundheit und Kraft – er war erst 22 Jahre alt – und eine unaussprechliche süße Erwartung des Glückes, des unbekannten, geheimnisvollen Glückes, beschlichen ihn allmählich, und das Leben erschien ihm schön, wunderbar und voll hoher Bedeutung.

Anton Tschechow

INHALTSVERZEICHNIS

Des Frühlings hoffnungsvolle Zeichen

Hermann Hesse: März	7
Karl Heinrich Waggerl: Der Blumenheilige	8
Erwin Strittmatter: Frühlingsplätze	10
Jean Paul: Die Boten des Frühlings	11
Heinrich Pestalozzi: Der Frühling	18
Hermann Hesse: Gang im Frühling	24
Hermann Löns: Die Tage der tausend Wunder	28
Christine Brückner: Frühling	38
Joseph von Eichendorff: Aus dem Leben eines Taugenichts	44
Karl Heinrich Waggerl: Von meiner Blumenwiese	50

Ein Osterfest für die Seele

Uwe Seidel: Osternacht	58
Andrea Schwarz: Aufbruch zum Leben	60
Reinhard Körner: Warum ich an die Auferstehung glaube	64
Johann Wolfgang von Goethe: Osterspaziergang	70
Ludwig Gschwind: Die Osterglocken verkünden die Auferstehung	72
Jörg Zink: In der Osterzeit	80

Des Frühlings heitere Zeit

Hermann Hesse: April	82
Erwin Strittmatter: Aprilschnee	84
Marie Luise Kaschnitz: Ende April	86
Rose Ausländer: Mai III	92
Ursula Berg: Der Tulpenstrauß	94
Gottfried Keller: Der Frühling war gekommen	98
Siegfried Lenz: Eine Liebesgeschichte	110
Anton Tschechow: Der Student	118

QUELLENVERZEICHNIS

Texte:

Rose Ausländer, Mai III. Aus: dies., Wieder ein Tag aus Glut und Wind. Gedichte 1980-1982. © S. Fischer Verlag GmbH, Frankfurt am Main 1986

Ursula Berg, Der Tulpenstrauß aus: dies. Zum Altwerden ist immer noch Zeit © 2016 Verlag Herder GmbH, Freiburg i. Br., S. 45

Christine Brückner, „Frühling", In: Das Glück liegt auf der Hand, ABC der Lebensfreuden, Hrsg. von Rudolf Walter © 1991 Verlag Herder GmbH, Freiburg i. Br.

Ludwig Gschwind, Die Osterglocken verkünden die Auferstehung © Alle Rechte beim Autor.

Hermann Hesse, „Gang im Frühling", aus: Hermann Hesse, Sämtliche Werke in 20 Bänden. Herausgegeben von Volker Michels. Band 13: Betrachtungen und Berichte 1899-1926. © Suhrkamp Verlag Frankfurt am Main 2003. Alle Rechte bei und vorbehalten durch den Suhrkamp Verlag Berlin.

Hermann Hesse, „Monatssprüche (Auszug)", aus: Hermann Hesse, Sämtliche Werke in 20 Bänden. Herausgegeben von Volker Michels. Band 10: Die Gedichte. © Suhrkamp Verlag Frankfurt am Main 2002. Alle Rechte bei und vorbehalten durch Suhrkamp Verlag Berlin.

Marie Luise Kaschnitz, Ende April, aus Marie Luise Kaschnitz, Tage, Tage, Jahre, in: ders., Gesammelte Werke in sieben Bänden, Band 3: Die autobiographische Prosa II. © Insel Verlag, Frankfurt am Main 1982. Alle Rechte bei und vorbehalten durch Insel Verlag Berlin.

Reinhard Körner, Warum ich an die Auferstehung glaube, aus: Reinhard Körner, Warum ich an das ewige Leben glaube, St. Benno Verlag, Leipzig 2011

Siegfried Lenz, Eine Liebesgeschichte; aus: ders., So zärtlich war Suleyken © 1955 by Hoffmann und Campe Verlag, Hamburg

Andrea Schwarz, Aufbruch zum Leben, In: Eigentlich ist Ostern ganz anders, Hoffnungstexte,© 2012 Verlag Herder GmbH, Freiburg i. Br., S. 39ff

Erwin Strittmatter, „Aprilschnee" und „Frühfrühlingsplätze", aus: Erwin Strittmatter: 3/4hundert Kleingeschichten © Aufbau Verlag GmbH & Co. KG, Berlin 1971 (die Originalausgabe erschien 1971 im Aufbau-Verlag; Aufbau eine Marke der Aufbau Verlag GmbH & Co. KG)

Uwe Seidel: Bruder Jesus. Osternacht, aus: Hanns Dieter Hüsch/Uwe Seidel, Ich stehe unter Gottes Schutz, Seite 47, 2018/16 © tvd-Verlag Düsseldorf, 1996

Karl Heinrich Waggerl, Der Blumenheilige, Von meiner Blumenwiese, aus: Karl Heinrich Waggerl, Sämtliche Werke in 2 Bänden, 2. Auflage, © Otto Müller Verlag

Jörg Zink, In der Osterzeit, In: Wo das Glück entspringt © 2016 Verlag Herder GmbH, Freiburg i. Br., S. 9

Bilder:

Cover: © Svetlana Foote/Shutterstock; S. 6/7: © Stefan Körber/Fotolia; S. 9: © Africa Studio/Fotolia; S. 10/11: © PhotoWeges/Fotolia; S. 15: © Hassan Akkas/Fotolia; S. 16: © ChristArt/Fotolia; S. 19, 101: © magdal3na/Fotolia; S. 21: © neirfy/Fotolia; S. 24/25: © Svenni/Fotolia; S. 29: © Tsuboya/Fotolia; S. 33, 41, 55: © Konstiantyn/Fotolia; S. 38/39: © brozova/Fotolia; S. 44/45: © jerome berquez/Fotolia; S. 50/51: © Ivan Gulei/Fotolia; S. 53: © Tatiana Grozetskaya/Shutterstock; S. 56/57: © Smileus/Fotolia; S. 59: © Pavel Klimenko/Fotolia; S. 60/61: © drubigphoto/Fotolia; S. 64/65: © Fyle/Fotolia; S. 67: © Yuriy Kulyk/Shutterstock; S. 69: © vencav/Fotolia; S. 72/73: © BlickReflex.de/Fotolia; S. 77: © felinda/Fotolia; S. 80/81: © FrameAngel/Fotolia; S. 82/83: © sashahaltam/Fotolia; S. 84/85: © MarcoMonticone/Fotolia; S. 87: © gtranquillity/Fotolia; S. 89: © Nikolay Petkov/Fotolia; S. 91: © Kletr/Fotolia; S. 92/93: © viktoriya89/Fotolia; S. 95: © BeTaArtworks/Fotolia; S. 97: © Christian Jung/Fotolia; S. 98/99: © fotofinish100/Fotolia; S. 107: © mediagram/Fotolia; S. 110/111: © Michel Bazin/Fotolia; S. 115: © LiliGraphie/Fotolia.

Wir danken allen Inhabern von Text- und Bildrechten für die Abdruckerlaubnis. Der Verlag hat sich bemüht, alle Rechteinhaber in Erfahrung zu bringen. Für zusätzliche Hinweise sind wir dankbar.